監修 久住昌之
画 水沢悦子

花のズボラ飯
うんま〜いレシピ

「実はズボラじゃない」疑惑!?

はじめましての方も、おなじみの方もこんにちは。

コミック「花のズボラ飯」（秋田書店刊）で主役をやらせていただいている、花と申します。

この度、なんとなんと、このハナコめの料理をレシピ本にしてくださるというありがたいお話をいただきました。

卵かけごはんだったり、レトルトシチューだったり、レシピなどと呼ぶにはお恥ずかしい代物もございますが、そのおいしさはお墨付きです（だれの？）。

花の「うんま〜い」顔を見ていると、思わず作りたくなる不思議な魅力があるんだそうです。

この本は、そんな奇特な（素敵な）皆さまのために、コミックで紹介したハナコ秘伝のレシピを惜しげもなくご紹介させていただきました。

また、コミックでは紹介しきれなかったメニューもわんさかてんこ盛りでございます。

よくご質問を受けるのです、「ラーメンに野菜炒めをのせたり、パラパラチャーハンを作ったり、実は花さんはズボラではないのではないですか？」と。

す、するどい！　お目が高い！　ズボラと見せかけて実はそうではないのが、ハナコの真骨頂。「ズボラ飯を超えたズボラ飯」とでも言っておきましょう。

実際に作っていただくとその神髄を感じていただける……はず!?

この本の使い方

●計量
レシピにある計量の単位は、
1カップ=200mℓ（cc）、
大さじ1=15mℓ（cc）、
小さじ1=5mℓ（cc）、
小さじ½=2.5mℓ（cc）です。

●調味料
特に注釈のないものは、塩は自然塩、しょうゆは濃い口しょうゆ、砂糖は上白糖を使ってます。

●レンジ＆オーブン
特に注釈のないものは、電子レンジは600W、オーブントースターは500Wのものを基準にしています。

様子を見ながらかげんしてください。

ズボラ主婦代表
駒沢　花

本書のレシピページのイラストは「花のズボラ飯」（秋田書店『エレガンスイブ』連載中）のコミックスから引用しています。

CONTENTS

1皿め

創作トースト

ジャーーン!!
創作料理「シャケトー」!!
カリッガリッ〜

おまたせしました!!
ピザトーストのシャンチョビ味になりまーーす!!

「ごはんを炊く時間も待てない!」
そんな腹ペコのときにもってこいなのが
超速で作れる食パンメニュー。
冷蔵庫に常備してある瓶詰めや缶詰など、
身近にある食材を賢く使ったり、
意外な食材の組み合わせを楽しんだり……。
リーズナブルに作れて、新感覚のおいしさを
体感できる花流トーストをご紹介します。

花の食卓
その1

パンの上は無限大？

鮭フレークの塩けとマヨが
たまらん坂♥

シャケトー

花が念じれば、鮭が
“アンチョビ”風に変身!!

ピザトーストのシャンチョビ味

再現レシピ 1

シャケトー

●材料（1人分）

鮭フレーク »» 大さじ2

マヨネーズ »» 大さじ1

食パン（6枚切り）»» 1枚

ミロ »» 適量

●作り方

1 鮭フレークとマヨネーズをまぜる。

2 食パンに1を塗り、
オーブントースターでこんがりと焼く。

※お好みでミロをお供に。

再現レシピ 2

ピザトーストのシャンチョビ味

●材料（1人分）

食パン（6枚切り）»» 1枚

ピザソース »» 適量

キャベツ »» ⅓枚（30～40g）

とろけるスライスチーズ »» 1枚

鮭フレーク »» 大さじ2

パルメザンチーズ（粉）»» 適量

タバスコ »» 適量

●作り方

1 食パンにピザソースを塗り、
せん切りにしたキャベツ、
とろけるスライスチーズ、鮭フレーク、
パルメザンチーズの順にのせる。

2 オーブントースターで1を約4分焼く。
好みでタバスコをかけて。

わさびをのせると、
ほどよい辛みで
スッキリ大人味に
チェ～ンジ!!

まん丸目玉焼きで幸せマイレージ100～!!

おすすめズボラ飯1

たまごベーコントー

朝の定番・ベーコンエッグ×トーストを
一度に食べられる、THE・ズボラ飯の代表！

●材料（1人分）

食パン（6枚切り）››› 1枚
ベーコン（ハーフ）››› 4枚
卵 ››› 1個
塩、こしょう ››› 各適量
ルッコラ ››› 適量

●作り方

1 食パンの4辺のふちにベーコンをのせ、真ん中に卵を割り入れる。
2 オーブントースターで1をこんがりと焼く。
3 2に塩、こしょうを振り、好みでルッコラを飾る。

POINT
ルッコラをサラダ用ほうれんそうなどにかえてもOK!

のりの佃煮×ケチャップがミラクルにマッチ!!!

おすすめズボラ飯2

のりキャベトー

のりの佃煮を使ったちょっぴり和風のトースト。

●材料（1人分）

食パン（6枚切り）»» 1枚
のりの佃煮 »» 大さじ1
キャベツ »» ½枚（50g）
とろけるスライスチーズ »» 1枚
トマトケチャップ »» 適量

●作り方

1 食パンにのりの佃煮を塗り、せん切りにしたキャベツ、とろけるスライスチーズをのせる。
2 オーブントースターで1をこんがりと焼く。トマトケチャップをかける。

POINT
キャベツをアボカドにかえたり、コーンをトッピングしてもおいしい！

玉ねぎ&隠し味のしょうゆが決め手♥

おすすめズボラ飯3

オイルサーディンのオサレトー

オイルサーディンを使った大人向けのトースト。
ワインのお供にもおすすめ♪

●材料（1人分）

食パン（6枚切り）›››› 1枚
玉ねぎ ›››› 1/4個
オイルサーディン缶 ›››› 1/2缶
しょうゆ ›››› 適量
パセリ ›››› 適量

●作り方

1 食パンに薄切りにした玉ねぎ、オイルサーディンをのせる。オイルサーディンの汁を少しかけてもOK。
2 オーブントースターで1をこんがりと焼き、みじん切りにしたパセリを散らし、しょうゆをたらす。

POINT
リーズナブルないわしの缶詰でも応用可能！

オサレなマルゲリータ風トースト～！

おすすめズボラ飯4

マルゲリータトー

トマトの甘み&酸味、チーズの塩け、
バジルのさわやかな香りが魅力のイタリアンな一枚です。

●材料（1人分）

食パン（6枚切り）»» 1枚
トマト »» 1個
ピザ用ミックスチーズ »» 25g
塩、こしょう »» 各適量
バジル »» 適量

●作り方

1 食パンに半月切りにしたトマト、ピザ用ミックスチーズをのせ、塩、こしょうを振る。

2 オーブントースターで1をこんがりと焼き、バジルを飾る。

POINT

ピザ用ミックスチーズはカマンベールチーズにしても。
バジルはドライバジルやパセリでもOK！

とろ~りとろけるマシュマロに花もとろけるっ♥

おすすめズボラ飯5

チョコバナナマシュトー

加熱したマシュマロの食感と甘さがたまらない、スイーツ感覚のトースト!

●材料(1人分)

食パン(6枚切り)»» 1枚
板チョコレート »» 9片
マシュマロ »» 2個
バナナ »» ½本
シナモンパウダー、はちみつ »» 各適量

●作り方

1 食パンに厚みを半分に切ったマシュマロ、輪切りにしたバナナ、板チョコレートをのせる。

2 オーブントースターで1をこんがりと焼く。好みでシナモンパウダーやはちみつを。

POINT

板チョコレートをチョコレートソースやピーナッツペーストにかえる手もアリ!

2皿め ごはん、その上に…

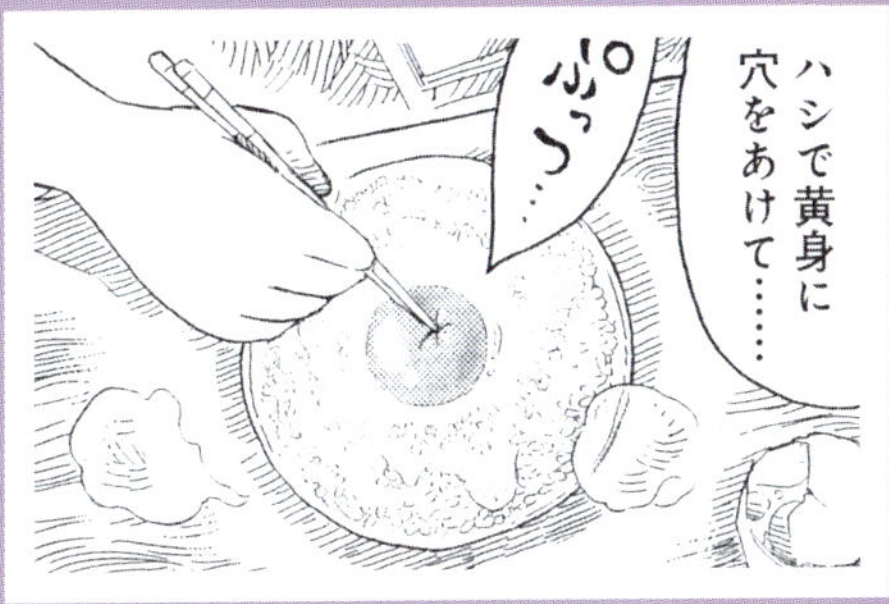
ハシで黄身に穴をあけて……
ぷっつ…

「疲れて帰った日は包丁も火も使いたくない」
そんなときは、のっけごはんに決まりっ！
あったかごはんに好きな調味料や食材を
トッピングして、一気にかき込む──、
これぞ、日本人ならではのファストフード。
王道の卵から、コクが広がるバター、
ピリッと辛いラー油、ヘルシーな納豆など、
あったかごはん＋αのコラボを楽しみましょう。

花の食卓
その２

最高のファストフード

アツアツごはんに生卵を割り入れるだけ……。
ズボラにして無敵のおいしさは感動もの～!!

卵かけごはん

再現レシピ 3

卵かけごはん

● 材料（1人分）

ごはん ››› 茶わん1杯分

卵 ››› 1個

しょうゆ ››› 適量

● 作り方

1 茶わんにごはんを盛って卵を割り、箸で黄身に穴をあける。

2 1にしょうゆをたらし、まぜながら食べる。

花流アレンジ

シンプルな卵かけごはんもいいけれど、しば漬けをのせると◎。絶妙な酸味とポリポリとした食感がアクセントに！

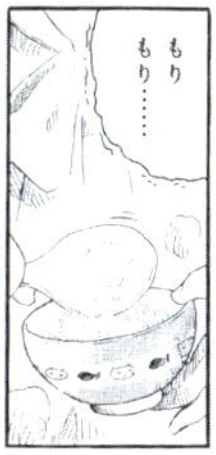

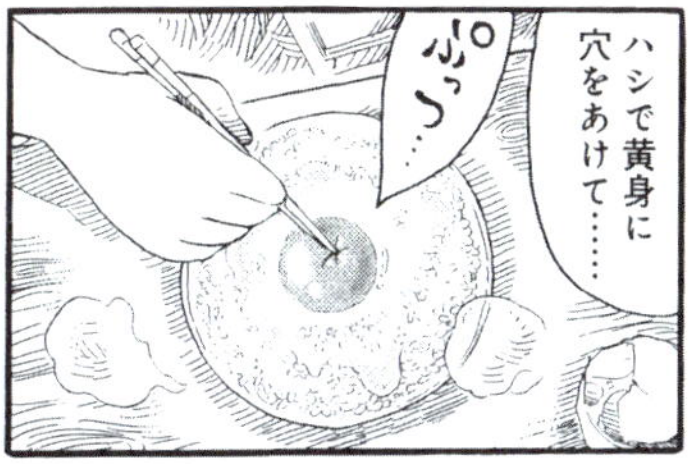

花のちょい足しメモ

はちみつをプラスすれば、甘党にはたまらんスイーツ感覚の卵かけごはんが誕生！

食欲をそそるマヨ×ラー油のコンビに箸がとまら～ん！

おすすめズボラ飯6

生たまマヨラー油ごはん

パンチのあるこの組み合わせは、パスタに応用しても。
食べるラー油のカリカリにんにくがアクセント！

●材料（1人分）

ごはん »» 茶わん1杯分
卵 »» 1個
マヨネーズ »» 適量
食べるラー油 »» 適量
万能ねぎ »» 適量

●作り方

1 茶わんにごはんを盛って、卵を割る。
2 1にマヨネーズ、食べるラー油、小口切りにした万能ねぎをのせ、まぜながら食べる。

POINT
生卵（卵黄）＋柚子こしょう＋のりの佃煮の組み合わせもおすすめ！

本場・沖縄にも負けない花流タコライス！

おすすめズボラ飯7

ミートボールde タコライス 温玉のせ

レトルトのミートボールを使った〝なんちゃってタコライス〟。見た目もボリュームも大満足のどんぶりです！

●材料（1人分）

ごはん »» 茶わん1杯分
レタス »» 2枚
ミートボール »» 1袋
ミニトマト »» 2個
シュレッドチーズ »» 適量
温泉卵 »» 1個
チリソース »» 適量

●作り方

1 茶わんにごはんを盛って、ちぎったレタス、あたためたミートボール、4等分に切ったミニトマト、シュレッドチーズをのせる。

2 1の真ん中に温泉卵をのせ、好みでチリソースをかける。

POINT
ミートボールは汁ごと使って。また、チーズはピザ用ミックスを使っても。

脳天を突き抜けるわさびの辛みが快感～♥

おすすめズボラ飯8

のりわさびのっけごはん

身近な食材で〝のりわさび〟を再現！
ツンとした辛みとさわやかさがクセになります。

●材料（1人分）

ごはん »» 茶わん1杯分
のりの佃煮 »» 適量
ねりわさび »» 適量

●作り方

茶わんにごはんを盛って、のりの佃煮、ねりわさびをのせ、まぜながら食べる。

POINT

湯を注ぎ、白ごまを散らせば、お茶漬けに変身！
わさびを柚子こしょうにかえるのもGOOD。

どんぶりいっぱい食べても安心な低カロっ♥

おすすめズボラ飯9

納豆&豆腐のっけごはん

ボリューム大なのに超ヘルシー！
ごはんを少なめにし、豆腐をたっぷりのせればダイエットにも。

●材料（1人分）

ごはん »» 茶わん1杯分
納豆 »» 1パック（添付のたれをまぜる）
なめたけ（瓶詰め）»» 適量
豆腐（絹でも木綿でも可）»» ¼丁
だししょうゆ »» 適量
ごま油 »» 適量
酢 »» 適量
薬味 »» 適量（青じそ、みょうが、しょうが）

●作り方

1 茶わんにごはんを盛って納豆をのせ、水きりしてさいの目に切った豆腐、なめたけ、せん切りにした薬味をのせる。

2 1にだししょうゆ、ごま油、酢をかけてまぜながら食べる。

POINT

納豆＋ごま油＋酢だけのシンプルバージョンも美味！

おすすめ
ズボラ飯 10

バタージょうゆのっけごはん

バターとしょうゆがアツアツごはんにからみ、絶品の味わい。

● 材料（1人分）

ごはん »» 茶わん1杯分
バター »» 10g
しょうゆ、黒こしょう »» 各適量

● 作り方

茶わんにごはんを盛ってバターをのせ、
しょうゆをかけて、好みで黒こしょうをひく。

POINT

バターがとけるよう、ごはんはあたたかい状態で。
明太子やたらこ、削り節をプラスしても。

ふわ～んと香るバターの風味に花、悶絶～!!

おすすめ
ズボラ飯 11

みそのっけごはん

ホカホカごはんに“みそ”をのっけるだけの王道・ズボラ飯！

● 材料（1人分）

ごはん »» 茶わん1杯分
みそ »» 適量

● 作り方

茶わんにごはんを盛って、みそをのせる。

POINT

沖縄の油みそやもろみみそ、にんにくみそなども好相性！

どこか懐かしい味にシャーワセ気分☆

3皿め

奇跡の即席ラーメン

小腹が減ったとき、お酒を飲んだあと、
さらには夜食に食べたくなる即席ラーメン。
手軽に作って食べられるのが
魅力だけど、あえてちょっぴり手を
加えるのが花のこだわりなんです！
イタリアン風や牛乳入りなど、ユニークな
発想は即席ラーメン界に新風が吹く!?

花の食卓
その3

即席を超えた即席ラーメン

シャキシャキ野菜をドーンッとのせ !!
めんをアルデンテに仕上げるのが
花のこ・だ・わ・り♥

サポイチ塩の野菜炒めドカのせ

再現レシピ 4

サポイチ塩の野菜炒めドカのせ

●材料（1人分）

サッポロ一番 塩らーめん »» 1袋
キャベツ »» 1/8玉
ピーマン »» 1個
もやし »» 1/2袋
サラダ油 »» 適量
塩、こしょう »» 各適量

花のちょい足しメモ

ピザソースを加えると、
トマトラーメン風に
早変わり～！
ほどよい酸味が
グーッ☆

●作り方

1 キャベツ、ピーマンはざく切りにする。
2 インスタントラーメンは熱湯で
やや固めのアルデンテにゆでる。
3 フライパンにサラダ油を熱し、1、もやしを炒め、
塩、こしょうで味つけする。
4 器にスープの素と表示量の熱湯を入れてまぜ、
2を入れ3をのせる。

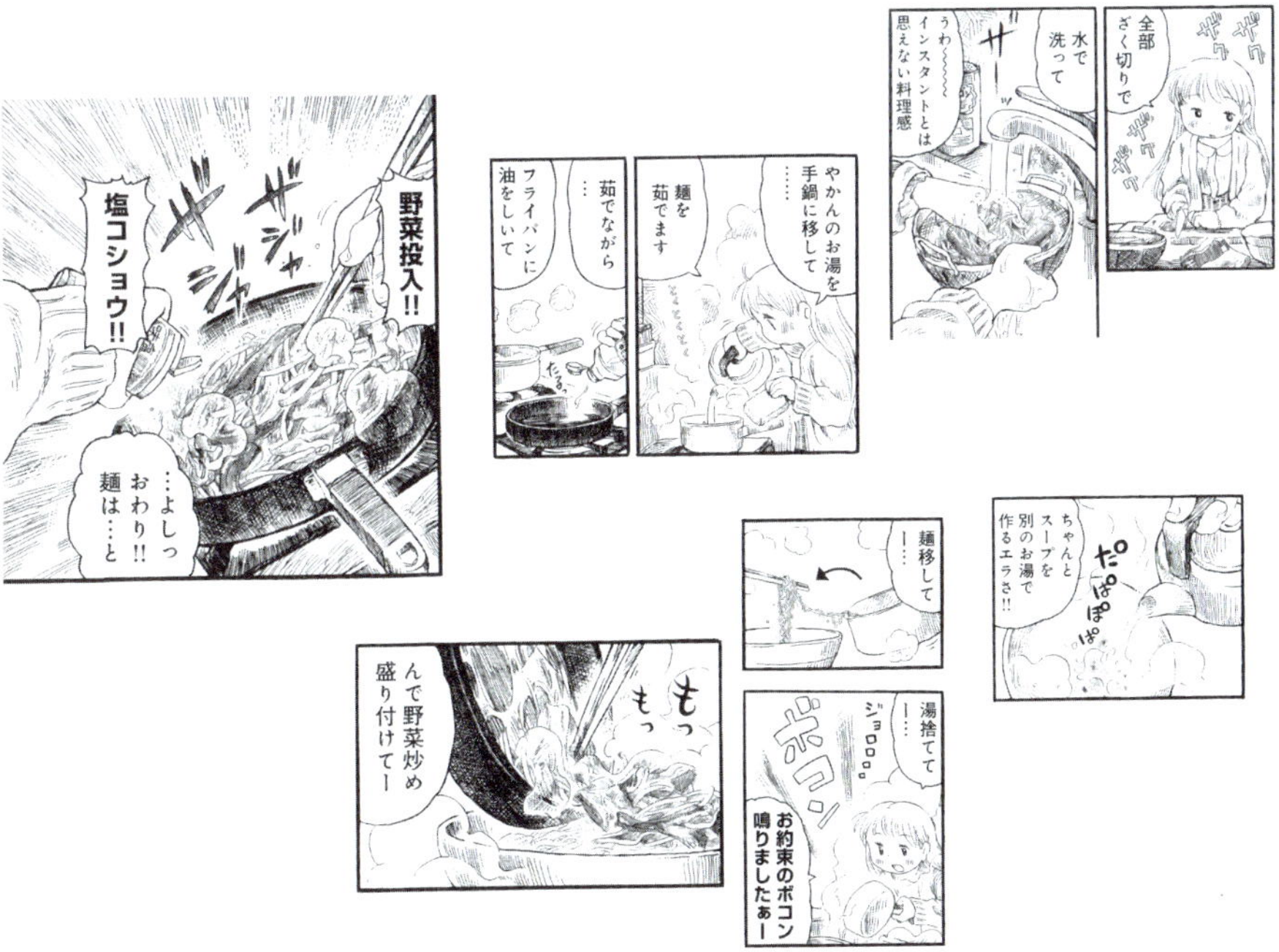

ソーセージの塩けがいい仕事してますな～♥

おすすめズボラ飯12

スパイシーカレーラーメン

カレー味のラーメンはバターでコクをプラス！

●材料（1人分）

市販のインスタント塩ラーメン »»» 1袋
カレー粉 »»» 小さじ1
ソーセージ »»» 2本
ブロッコリー »»» 適量
ゆで卵 »»» 1個
バター »»» 5g

●作り方

1 インスタント塩ラーメンのめんは表示どおりにゆで、途中、ソーセージ、ブロッコリーも一緒にゆでる。

2 器にスープの素と表示量の熱湯を入れたら、カレー粉も加えてまぜ、1とゆで卵を盛り、バターを添える。

POINT

カレー粉のかわりにカレールウを入れれば、とろみが生まれる！

花をトリコにするオサレ～なイタリアン風♥

おすすめズボラ飯13

トマトチーズラーメン

トマトのほどよい酸味、チーズのコク、バジルのさわやかさが好バランス！

●材料（1人分）

市販のインスタントラーメン
（塩もしくはみそ）»»» 1袋
トマト水煮缶（カットタイプ）»»» ½缶
粉チーズ »»» 適量
バジル »»» 適量

●作り方

1 インスタントラーメンのめんは表示どおりにゆでて、器に入れる。
2 鍋にスープの素と表示量の水を入れてスープを作り、トマト水煮缶を半量加えて煮たら、1に注ぎ、残りのトマト水煮缶、粉チーズをかける。好みでバジルを飾る。

POINT
仕上げにトマト水煮缶をトッピングすると、見た目も華やかに！

まるで、とんこつラーメン!? 衝撃度No.1のウマさーっ!!

おすすめズボラ飯14

塩ミルクラーメン

とんこつのような深みのあるうまさなのに、
さっぱりしたあと味!

●材料（1人分）

市販のインスタント塩ラーメン »» 1袋

A
- 牛乳 »» 1カップ
- 水 »» 1.5カップ

チャーシュー »» 適量

紅しょうが »» 適量

万能ねぎ »» 適量

●作り方

1 インスタント塩ラーメンのめんは表示どおりにゆでる。

2 鍋にAを煮立たせてスープの素をとかし、1と器に盛り、チャーシュー、紅しょうが、小口切りにした万能ねぎをのせる。

POINT

好みで牛乳と水の割合を変えても。
ミルキーな味わいが好きなら、牛乳ONLYで作るのもおすすめ！

酸っぱくて辛いっ！　刺激的な味はクセになるぅ!!

おすすめズボラ飯15

なんちゃってサンラータン

お酢の酸味とピリッと辛いラー油がポイント。
レタスのシャキシャキ感も魅力です！

●材料（1人分）

市販のインスタントしょうゆラーメン »» 1袋
A　酢 »» 大さじ2
　　食べるラー油 »» 大さじ1
卵 »» 1個
レタス »» 2枚
水どき片栗粉 »» 適量（片栗粉と水を各小さじ2まぜたもの）

●作り方

1 インスタントしょうゆラーメンのめんは表示どおりにゆでて器に入れ、レタスもちぎってのせる。
2 鍋にスープの素と表示量の水、Aを加えて煮立て、水どき片栗粉を加え、ひと煮立ちさせ、ときほぐした卵を流し入れ、1に注ぐ。

POINT
食べるラー油は好みで量を増やしてもOK！

とろ〜り半熟卵が花の気分を盛り上げるぅ〜♪

おすすめズボラ飯16

ベジエッグラーメン

野菜がたっぷりとれ、食べ応えも満点！
卵をプラスして、ちょっぴりぜいたくに。

●材料（1人分）

市販のインスタントラーメン（味は好みで）»»» 1袋
市販のカット野菜（野菜炒め用）»»» 1パック
卵 »»» 1個

●作り方

1 インスタントラーメンのめんは表示どおりにゆで、途中、カット野菜、卵も加えて一緒にゆでる。

2 器にスープの素と表示量の熱湯を入れてまぜ、水けをきった1を盛りつける。

POINT

カット野菜を使うことで、時短が可能に！

4皿め

炊飯器入れるだけごはん

作るのが難しそうな炊き込みごはんも、
花流ならもちろん、ズ・ボ・ラ！
缶詰や乾物などのうまみの強い食材を
使うことで材料も少なく、味つけも簡単に。
何より、炊飯器のスイッチを押したら、
あとは自由時間が訪れます（笑）。
さぁ、ぐーたらしている間においしい
炊き込みごはんを作ってしまいましょう！

ホクホク&ほんのり甘い栗に花、秋を実感っ!!

おすすめズボラ飯19

なんちゃって栗ごはん

レトルトの甘栗を使えば、処理いらず！
バターがコクを演出します。

●材料（2合分）※早炊きOK

米 »» 2合
塩 »» 小さじ½
みりん »» 大さじ1
甘栗むいちゃいました »» 2袋（70g）
バター »» 10g

●作り方

1 米をといで塩、みりんを加え、2合の水かげんをする。

2 1に甘栗を入れ、バターをのせて炊く。

POINT

ちょっぴり塩を加えることで、甘栗の甘さがぐんと引き立つ！

ちょっぴり濃いめの味が花好み！

おすすめズボラ飯20

さんまごぼうごはん

コンビニでも買える〝さんまの蒲焼き缶〟。
×ごぼうで和風の炊き込みごはんに！

●材料（2合分）

米 »» 2合
さんま蒲焼き缶 »» 2缶（200g）
市販のささがきごぼう »» 100g
酒 »» 大さじ1
三つ葉 »» 適量

●作り方

1 米をといで酒、さんま蒲焼き缶の汁を加え、2合の水かげんをする。

2 1にさんまの蒲焼き、ささがきごぼうをのせて炊く。好みで三つ葉を飾る。

POINT

仕上げにさんまの蒲焼きをのせると、見た目も豪華に！

魚嫌いな人もヨユーでイケる!!

おすすめズボラ飯21

鮭となめたけの炊き込みごはん

くさみもなく、鮭のうまさがギュッと凝縮！
なめたけのほのかな甘さも要です。

●材料（2合分）※早炊きOK

米 »» 2合
鮭缶（水煮） »» 1缶（180g）
なめたけ（瓶詰め） »» 大さじ3
酒 »» 大さじ1
貝割れ菜 »» 適量

●作り方

1 米をといで鮭缶の汁、なめたけ、酒を加えて2合の水かげんをする。
2 1に鮭の水煮をのせて炊く。好みで貝割れ菜を飾る。

POINT
鮭の水煮は身がくずれないよう、最後にのせること！
炊き上がったら、やさしくほぐして。

魚介のうまみ&トマトの酸味がたまんねっ♥

おすすめズボラ飯22

なんちゃってパエリア

手軽なシーフードミックスと野菜ジュースで、おしゃれなスペイン料理が完成！

●材料（2合分）

米 ››› 2合
ミニトマト ››› 6個
シーフードミックス（冷凍） ››› 180g
野菜ジュース ››› 約450㎖
コンソメの素（顆粒） ››› 小さじ1.5
塩、こしょう ››› 各適量

●作り方

1 シーフードミックスは流水で解凍し、ペーパータオルで水けをふきとる。
2 米をといでコンソメの素を加え、2合の目盛りより少なめに野菜ジュースを加える。
3 1、ミニトマト、塩、こしょうを加えてひとまぜして炊く。

POINT
焼き肉のたれをプラスしてもOK！　甘めの味に仕上がるので、お弁当におすすめ。

塩昆布がいい味出してる～!!

おすすめズボラ飯23

ツナ塩昆布ごはん

手軽なツナ缶と塩昆布で、
ほっこり和風の炊き込みごはんに！

●材料（2合分） ※早炊きOK

米 »» 2合
ツナ缶 »» 1缶（80g）
塩昆布 »» 20g

●作り方

1 米をといで缶汁をきったツナを加え、2合の水かげんをする。
2 1に塩昆布を加えてひとまぜし炊く。

POINT
好みでミックスベジタブルを加えれば、見た目も華やか！

おすすめズボラ飯24

なんちゃってビビンバ

スタミナ満点のビビンバは、
豆もやしのシャキシャキ感がいいアクセント！

材料（2合分）※早炊きOK

米 ››› 2合
キムチ鍋の素 ››› 100㎖
牛切り落とし肉 ››› 150g
豆もやし ››› 1袋
ごま油 ››› ひとたらし
コチュジャン ››› 適量

作り方

1 米をといで、キムチ鍋の素を加え、2合の水かげんをする。

2 1に牛肉、豆もやし、ごま油を入れて炊く。好みでコチュジャンを添えて。

POINT
底におこげができやすいので、炊き上がったら、全体をよくかきまぜて。

おすすめ
ズボラ飯 25

焼き鳥ごはん

オイスターソースのコクが効いた焼き鳥ごはんは、冷めてもおいしい！

ゴロゴロた〜っぷりの焼き鳥にゴロさんも大満足♥

● 材料（2合分）※早炊きOK

米 »» 2合
酒 »» 大さじ1
焼き鳥缶 »» 2缶（190g）
オイスターソース »» 小さじ2
まいたけ »» 1パック
万能ねぎ（斜め切り）»» 適量

● 作り方

1 米をといで酒、焼き鳥缶の汁、
オイスターソースを加え、
2合の水かげんをする。
2 1にほぐしたまいたけ、
焼き鳥をのせて炊く。
好みで万能ねぎを飾る。

POINT
焼き鳥のくさみが気になったら、せん切りのしょうがをプラス。

おすすめ
ズボラ飯 26

なんちゃって松茸ごはん

エリンギの食感はまるで松茸!?　豊かな風味が自慢です。

なんちゃって松茸でも気分はリッチ、リッチ♥

● 材料（2合分）※早炊きOK

米 »» 2合
酒 »» 大さじ1
松茸の吸い物の素 »» 2袋
エリンギ »» 2本
バター »» 10g

● 作り方

1 米をといで酒を加え、
2合の水かげんをする。
2 1に松茸の吸い物の素を加えてひとまぜし、
手で裂いたエリンギ、バターをのせて炊く。

POINT
エリンギは手で裂いたほうが風味や味のしみ込み度がUP!

5皿め

ズボラなパラパラチャーハン

パリッ
チリッ
おまたせしました
こちら肉無し
キムチチャーハンと
なりまーす
パリッ

べちゃっとせず、パラッとした食感の
チャーハンを作るには強い火力に中華鍋……、
そして、料理の腕がないと難しい!?
そんなふうに考える人におすすめなのが、
ほんの少しの工夫で、本格派の味わいに
仕上がる花流チャーハンです。
街の中華店や家庭ではなかなかお目見えしない、
花ならではの味つけや具材も要チェック!

花の食卓
その4

おやつ感覚な本格チャーハン

キムチの奥深い味わいにごはんのパラパラ感。
肉なしでも大満足できる、花自慢の逸品でございます！

肉無しキムチチャーハン

再現レシピ 5

肉無しキムチチャーハン

材料（1人分）

キムチ »» 100g
長ねぎ »» 10cm
あたたかいごはん »» 茶わん大盛り1杯分
卵 »» 1個
ごま油 »» 大さじ1
めんつゆ（ストレート） »» ひとたらし
塩、こしょう »» 各適量
刻みのり »» 適量

作り方

1 キムチは食べやすい大きさに切り、長ねぎはみじん切りにする。ごはんと卵はよくまぜておく。
2 フライパンにごま油を熱して1の長ねぎを入れて炒め、香りが出てきたら1のキムチ、卵ごはんを順に加えて強火で炒め合わせる。
3 2にめんつゆを加え、塩、こしょうで味をととのえる。器に盛り、刻みのりを飾る。

花のちょい足しメモ

いちごジャムをちょっぴりプラスすると、キムチの辛みがまろやかになるっス！

見た目もオサレ～なイタリアン風チャーハン♥

おすすめズボラ飯27

いかすみチャーハン

真っ黒のごはんに鮮やかレッドのトマトが映える！
おもてなしにも喜ばれるおしゃれメニューです。

●材料（1人分）

ごはん »» 茶わん大盛り1杯分
いかすみパスタの素（レトルト） »» 1袋
オリーブ油 »» 大さじ½
塩、こしょう »» 各適量
ミニトマト »» 適量
チャービル »» 適量

●作り方

1 フライパンにオリーブ油を熱し、ごはんを入れて炒め、いかすみパスタの素をまぜ合わせ、塩、こしょうで味をととのえる。
2 器に1をよそい、好みで4等分に切ったミニトマト、チャービルを飾る。

POINT
シーフードミックスやミックスベジタブルを加えれば、食べ応え＆おしゃれ度UP。

ラーメン好きの花にはたまらんチャーハン♥

おすすめズボラ飯28

ラーメンチャーハン

ラーメンの粉末スープなら、味つけが簡単に決まる！

●材料（1人分）

ごはん »» 茶わん大盛り1杯分
ごま油 »» 大さじ1
卵 »» 1個
焼き豚 »» 60g
なると »» 2㎝
塩ラーメンのスープの素（粉末・塩） »» $\frac{1}{2}$袋
紅しょうが »» 適量

●作り方

1 フライパンにごま油を熱し、ときほぐした卵を炒め、さらにごはん、角切りにした焼き豚、薄切りにしたなるとの順に加えて炒め合わせる。

2 1をラーメンのスープの素で味つけする。器に盛り、好みで紅しょうがを添える。

POINT

ラーメンの素はしょうゆやとんこつ、みそ味などにしてもOK！

コンビーフの塩けがたまらん坂〜！

おすすめズボラ飯29

コンビーフチャーハン

コンビーフのうまみとにんにくの香りがガツンと響く！

●材料（1人分）

ごはん »» 茶わん大盛り1杯分
コンビーフ缶 »» 1缶（100g）
玉ねぎ »» ½個
にんにく（小）»» 1かけ
オリーブ油 »» 大さじ½
塩、こしょう »» 各適量
スプラウト »» 適量

●作り方

1 玉ねぎはあらみじんに切り、にんにくはみじん切りにする。コンビーフは適当に切る。

2 フライパンにオリーブ油を熱し、1の玉ねぎとにんにくを炒め、香りが出てきたら1のコンビーフ、ごはんを加えて炒め合わせ、塩、こしょうで味をととのえる。好みでスプラウトを飾る。

POINT

玉ねぎとにんにくは弱火で炒めれば、香りがぐんと引き立ちます！

隠し味のだししょうゆが決め手♪

おすすめズボラ飯30

ねぎじゃこチャーハン

香ばしいねぎ、カリカリのちりめんじゃこがアクセント！

●材料（1人分）

ごはん »» 茶わん大盛り1杯分
卵 »» 1個
ちりめんじゃこ »» 15g
ごま油 »» 大さじ1
万能ねぎ »» 適量
塩、こしょう »» 各適量
だししょうゆ »» 大さじ1～2

●作り方

フライパンにごま油を熱し、ときほぐした卵を炒め、さらにごはん、ちりめんじゃこ、小口切りにした万能ねぎを加えて炒め合わせる。塩、こしょう、だししょうゆで味をととのえる。

POINT

ちりめんじゃこの塩味によって、だししょうゆの量は調整して。

おすすめ
ズボラ飯 31

ガーリックマヨパラチャーハン

にんにくの香りとマヨネーズのコクだけでも、極上のおいしさ！

にんにくの香り、もうガマンならんっ〜!!!

●材料（1人分）
ごはん »» 茶わん大盛り1杯分
マヨネーズ »» 適量
長ねぎ »» 10cm
にんにく »» 1かけ
オリーブ油 »» 小さじ1
塩、こしょう »» 各適量

●作り方
1 長ねぎはあらみじんに切り、にんにくはみじん切りにする。ごはんとマヨネーズ大さじ1.5をよくまぜる。
2 フライパンにオリーブ油を熱し、1の長ねぎとにんにくを香りが出るまで炒める。
3 2に1のごはんを加えて炒め合わせ、塩、こしょうで味をととのえる。好みでマヨネーズ、こしょうをトッピングしても。

おすすめ
ズボラ飯 32

ウスター卵チャーハン

大阪でおなじみのチャーハン×ウスターソースの組み合わせ。

ウスターソースの甘みと酸味が効いてるぅ〜!!

●材料（1人分）
ごはん »» 茶わん大盛り1杯分
ごま油 »» 大さじ1
卵 »» 1個
塩、こしょう »» 各適量
ウスターソース »» 大さじ1
しょうゆ »» 小さじ1
万能ねぎ（小口切り）»» 適量

●作り方
1 フライパンにごま油を熱し、ときほぐした卵を炒め、いったんとり出す。
2 ごはんを加えて炒め、塩、こしょう、ウスターソース、しょうゆで味つけし、1の卵を戻し入れ、好みで万能ねぎを散らす。

POINT
チャーシューを入れても◎。

6皿め

3日めカレーの行方

作りたてもおいしいけど、2日め、3日めと
ねかせるほどに味わい深くなるカレー。
でも、そんな残りカレーを
「普通に食べるのは飽きちゃった!」
なんて人にもってこいな花流カレーレシピ。
うまみはそのままに、グラタンやめん料理と
みんなが大好きなメニューにリメイクして、
ムダを出さない点もさすがです!

花の食卓
その5

まさかの天才カレー

たんまり作ったカレーは、最後の一滴まで余すまい～！
そんな花のご自慢メニューですぅ。

ドライカレー

再現レシピ 6

ドライカレー

●ドライカレー材料

残ったカレー »» 適量
ごはん »» 適量

●ドライカレー作り方

残ったカレーにごはんを入れてまぜる。

●天才カレー材料（4人分）

玉ねぎ（中）»» 2個
にんじん »» 1本
じゃがいも »» 3個
トマト »» 1個
鶏もも肉（大）»» 1枚（300g）
カレールウ »» 160g
ココナッツミルク »» 100mℓ
水 »» 800mℓ
オリーブ油 »» 大さじ1

●天才カレー作り方

1 野菜類、鶏肉は食べやすい大きさに切り、オリーブ油で炒める。
2 1に水、ココナッツミルクを加え、火が通ったら、いったん火を消してカレールウを加えてまぜ、軽く煮込む。

花のちょい足しメモ
みそをプラスすれば、ほんのり和風味に！しかも、コクがぐんとUP。

……う〜〜〜ん名残惜しい…
このなべの側面にこびりついてるカレーが…
花はあなた達の死を無駄にさせたりしないっ!!
ほら…こやってへらで落として…
ガリ
ガリ
ここにごはんを入れて混ぜれば…
ドライカレー!!
こぽっ
はむっ
いやん激ウマッ!!
…ん!! 肉の破片まだ残ってた!!
はぐっ はむっ

フーフーしてほおばりたいそば屋風カレーうどん！

おすすめズボラ飯33

カレーうどん

めんつゆをプラスすることで、どこか懐かしく、味わい深い和風テイストに！

●材料（1人分）

残りカレー »» お玉1杯分
冷凍うどん »» 1玉
めんつゆ（3倍濃縮）»» 50mℓ
水 »» 300mℓ
水どき片栗粉 »» 適量（片栗粉と水を各小さじ2まぜたもの）
長ねぎ »» 適量

●作り方

1 残りカレーの鍋にめんつゆ、水を加えて火にかけ、煮立ったら冷凍うどんを加える。
2 1の冷凍うどんがほぐれたら、水どき片栗粉を加え、とろみをつける。
3 2を器に盛り、小口切りにした長ねぎをのせる。

POINT

水どき片栗粉でとろみをつけることで、めんにルウがからみやすく、冷めにくい効果が！

アボカドさんのおかげでマイルドな味わい♥

おすすめズボラ飯34

アボカド焼きカレー

ハフハフして食べたい焼きカレー。火を通して
ねっとり食感になったアボカドは新感覚のおいしさ!

●材料（1人分）

残りカレー »» お玉2杯分
ごはん »» 茶わん1杯分
アボカド »» ½個
粉チーズ »» 適量

●作り方

1 耐熱容器にごはんを盛り、
残りカレーをかけ、
スライスしたアボカドをのせる。

2 1に粉チーズをかけて、
オーブントースターでこんがりと焼く。

POINT

チーズ好きな人は粉チーズでなく、
とろけるスライスチーズやピザ用ミックスチーズでも。

おすすめ
ズボラ飯 35

パンカレーグラタン

カレーはごはんだけでなく、パンとも好相性！

アツアツをいっただきマッケンジー!!

●材料（1人分）

残りカレー »» お玉2杯分
フランスパン »» 適量
ピザ用ミックスチーズ »» 大さじ3～4
パセリ »» 適量

●作り方

1 フランスパンは一口大に切って耐熱容器に入れ、残りカレーをかける。
2 1にピザ用ミックスチーズをのせ、オーブントースターでこんがりと焼く。
3 焼き上がった2にみじん切りにしたパセリを散らす。

POINT

フランスパンを食パンにかえてもGOOD！

おすすめ
ズボラ飯 36

カレースパゲッティ

カレー×パスタの黄金コンビは、老若男女に愛される一皿！

大好きなカレーとパスタの究極コラボがうまーん♥

●材料（1人分）

残りカレー »» お玉2杯分
スパゲッティ »» 100g
塩、こしょう »» 各適量
チャービル »» 適量

●作り方

1 鍋にたっぷりの湯を沸かし、塩を加えてスパゲッティを表示どおりにゆでる。
2 残りカレーの鍋にスパゲッティのゆで汁（50㎖）を加えてのばしてあたため、1のスパゲッティを加えてあえる。
3 2を塩、こしょうで味をととのえ、器に盛り、好みでチャービルを飾る。

POINT

カレーはスパゲッティにかけるのではなく、あえること！

7皿め イケとるレトルト

これでよしっと
ぽそそっ
さっきポテチ一袋いっちゃったから炭水化物はナシ!!

寒い季節に食べたくなるのは、心もカラダもほっこりあたたかくなれるシチュー&スープ。でも、一から作ると面倒なもの……。そこで、活用したいのがお手軽な〝レトルト〟の存在です。パセリをプラスするだけでもおいしさアップ、さらにはドリアやパスタメニューにアレンジも可能だから、ストックしてソンはなし!

花の食卓
その6

ひと手間で
レトルト超え！

肌寒い季節に恋しいクリームシチューは、
お手軽なレトルトで。＋パセリが花のお気に入り♪

パセクリシチュー

再現レシピ 7

パセクリシチュー

●材料（1人分）

クリームシチュー（レトルト）»»» 1袋
パセリ »»» 適量
黒こしょう »»» 適量

●作り方

1 クリームシチューは表示どおりにあたためる。
2 1にみじん切りにしたパセリをのせ、黒こしょうを振る。

花のちょい足しメモ

チョコレートを加えると、
コク&風味がUP！
ただし、甘さ控えめの
ビタータイプを選んで。

デリシャスな新洋食メニューが完成～！

おすすめズボラ飯37

ハヤシペンネ

ふだん、ごはんやパンと一緒に食べるハヤシルウを
ペンネで食す！ コクを演出するバターが決め手。

●材料（1人分）

ペンネ »»» 100g
ハヤシライス（レトルト） »»» 1袋
牛乳 »»» 大さじ2
バター »»» 10g
こしょう »»» 適量

●作り方

1 鍋にたっぷりの湯を沸かし、塩（分量外）を加えてペンネを表示どおりにゆでて器に盛る。

2 ハヤシライスも表示どおりにあたため、牛乳を加えてまぜる。

3 1に2をかけ、バターをのせる。好みでこしょうをかけて。

POINT

ハヤシライスのほか、ビーフシチューのレトルトを使ってもOK。

いやん、洋食屋レベルのウマさッ♥

おすすめズボラ飯38

シチューdeチキンドリア

最初から作ると手間のかかるドリア。
市販のチキンライスを使えば、超速&ラクラクがかないます！

●材料（1人分）

クリームシチュー（レトルト）››› 1袋
市販のチキンライス ››› 茶わん大盛り1杯分
パン粉 ››› 適量
パセリ ››› 適量

●作り方

1 チキンライスは電子レンジであたため、耐熱容器に入れる。
2 1にクリームシチューをかけ、パン粉を振りかけ、オーブントースターでこんがりと焼く。
3 2にみじん切りにしたパセリを散らす。

POINT
チキンライスをシーフードピラフやカレーピラフなどにチェンジしても！

おすすめ
ズボラ飯 39

スープリゾット

粉チーズでコクを演出するから、ズボラ飯とは思えぬおいしさ！

●材料（1人分）

市販の粉末スープの素（コーン）»» 1袋

ごはん »» 茶わん1杯分

粉チーズ »» 適量

パセリ »» 適量

●作り方

1 鍋に粉末スープの素と表示量の水を加え、火にかける。

2 1が煮立ったらごはんを加え、ひと煮立ちさせる。

3 器に2を盛り、粉チーズ、みじん切りにしたパセリを散らす。

POINT

クラムチャウダーやポタージュなどの粉末スープの素でアレンジも可能！

クリーミィな味わいに花、うっとり～♪

おすすめ
ズボラ飯 40

トムヤムクン雑煮

酸っぱくてピリッと辛いトムヤムクンは、淡泊なもちとも好相性！

●材料（1人分）

トムヤムクンスープ（レトルト）»» 1袋

もち »» 1～2個

香菜 »» 適量

●作り方

1 トムヤムクンスープを熱湯もしくは電子レンジで表示どおり、あたためる。

2 もちをオーブントースターでこんがりと焼き、器に入れて1を注ぎ、香菜を飾る。

POINT

ピリ辛な韓国チゲスープ×もちもマッチ！

タイ×日本の奇跡のコラボ、ここに誕生！

8皿め

チンするだけの満足おかず

フライパンも鍋も使わず、めんメニューから
中華、さらには煮物まで作れちゃう
魔法の調理器具〝電子レンジ〟。
スイッチを押したら、火かげんや調理時間を
気にすることなく、「チン」を待つだけ！
だから、料理初心者でも失敗なく作れ、
なんといっても楽ちんです。
しかも、味わいも見た目も大満足間違いなし！

濃厚ミートソースがうどんとピッタンコ!!

おすすめズボラ飯41

ミートソースうどん

パスタをゆでるよりも簡単な〝ゆでうどん〟を使って、人気のミートソース風仕上げ！

●材料（1人分）

市販のミートソース（レトルト）»»» 1袋
ゆでうどん »»» 1玉
粉チーズ »»» 適量
パセリ »»» 適量

●作り方

1 耐熱容器にミートソース、ゆでうどんを入れて、軽くまぜる。
2 1にふんわりとラップをして、電子レンジで約3分加熱する。
3 2をよくまぜて、粉チーズ、みじん切りにしたパセリを散らす。

POINT
パスタのように、好みでタバスコをかけても。

肉汁たっぷりでデリシャス～♥

おすすめズボラ飯42

ミートローフ

ズボラなのに華やかな見た目だから、クリスマスなどのイベントメニューに最適！

●材料（1人分）

市販のハンバーグの生種 »»» 200g
ミックスベジタブル（冷凍）»»» 50g
うずらの卵（水煮）»»» 3個
トマトケチャップ »»» 適量

●作り方

1 ミックスベジタブルは熱湯をかけて解凍し、ペーパータオルで水けをふく。

2 うずらの卵もペーパータオルで水けをふき、1、ハンバーグの種とまぜて耐熱容器に敷き詰め、ふんわりとラップして、電子レンジで5～6分加熱する。

3 2のあら熱がとれたら、耐熱容器からとり出して切り分け、トマトケチャップをのせる。

POINT
肉汁があふれ出るので、耐熱容器は少し大きめサイズがベター。

甘じょっぱい味つけが絶妙！　プリーズ、白米♥

おすすめズボラ飯43

肉豆腐

すき焼き味がしみ込んだ豆腐や牛肉。
ごはんにもお酒のお供にも絶好！

●材料（1人分）

豆腐（絹でも木綿でも可）»»» ½丁
牛切り落とし肉 »»» 80g
えのきだけ »»» ½袋
まいたけ »»» ½パック
すき焼きのたれ »»» 90㎖
万能ねぎ »»» 適量

●作り方

1 豆腐は1㎝幅に切り、石づきを切り落としたえのきだけとまいたけはほぐす。

2 耐熱容器に1を入れ、牛肉を広げてのせ、すき焼きのたれを加え、ふんわりラップをして電子レンジで約5分加熱する。器によそい、小口切りにした万能ねぎを散らす。

POINT
豆腐はつるんとした食感が好きなら絹、食べ応え重視なら木綿を使って。

あっさり塩味で、もりもり食べられるぅ〜

おすすめズボラ飯44

塩焼きそば

野菜もたっぷり食べられる！
ヘルシーな焼かない焼きそば。

●材料（1人分）

焼きそばのめん ››› 1玉
ベーコン ››› 2枚
市販のカット野菜（野菜炒め用）››› 100g
塩、こしょう ››› 各適量
ごま油 ››› 小さじ1

●作り方

1 ベーコンは短冊切りにする。

2 耐熱容器に焼きそばのめんを入れて、
カット野菜とベーコンをのせる。
塩、こしょうを振り、ごま油をかけ、ふんわりと
ラップをして電子レンジで約3〜4分加熱する。

POINT

ベーコンから塩けが出るので、味つけの塩は好みで調整を。

まろやかな生卵&さわやかな紅しょうががキ・モ～♥

おすすめズボラ飯45

牛たま

ほんのり甘い味つけとシャキシャキ玉ねぎ。
白米が欲しくなる一品です。

●材料（1人分）

- 牛切り落とし肉 »» 120g
- 玉ねぎ »» ½個
- しいたけ »» 2個
- すき焼きのたれ »» 大さじ3
- 卵黄 »» 1個分
- 紅しょうが »» 適量

●作り方

1. 牛肉は食べやすい大きさに切り、玉ねぎとしいたけは薄切りにして耐熱容器に入れ、すき焼きのたれを加えてあえる。
2. 1にふんわりとラップをして、電子レンジで約3分加熱する。一度とり出してよくまぜ、もう一度1～2分加熱する。
3. 器に2を盛り、卵黄、好みで紅しょうがを飾る。

POINT

加熱時に一度とり出してまぜることで、味が全体に回ります！

濃厚ごまだれが淡泊なささ身とベストマッチ！

おすすめズボラ飯46

もやしと鶏ささ身のバンバンジー風

ひんやり冷やして食べると、おいしさ倍増！
せん切りのきゅうりを添えても。

●材料（1人分）

もやし »» 1袋
鶏ささ身 »» 2本
酒 »» 大さじ2
しゃぶしゃぶ用のごまだれ »» 適量
ミニトマト »» 適量

●作り方

1 耐熱容器にもやしを入れ、ささ身をのせて酒を振り、ふんわりとラップをして電子レンジで約5分加熱する。

2 1のささ身はあら熱がとれたら、手で裂き、1のもやしと一緒にしゃぶしゃぶ用のごまだれであえる。器に盛り、4等分に切ったミニトマトを飾る。

POINT

鶏ささ身は手で裂くことで、たれがなじみやすくなる！

プリプリのえびちゃん♥　あーん、ウマすぎっ

おすすめズボラ飯47

えびチリ

身近な調味料だけで、本格派のえびチリが完成！

●材料（1人分）

むきえび »» 8尾
長ねぎ »» 10㎝
おろしにんにく（チューブ）
»» 1㎝
トマトケチャップ »» 大さじ2
水 »» 大さじ2
酒 »» 小さじ1
鶏ガラスープの素（顆粒）
»» 二つまみ
片栗粉 »» 小さじ½
ラー油 »» 小さじ⅓

●作り方

1 長ねぎは飾り用に少量を白髪ねぎに、残りはみじん切りにする。

2 1のみじん切りの長ねぎ、残りの材料を耐熱容器に入れてよくまぜ、ふんわりとラップをして電子レンジで約3分加熱する。

3 2に1の白髪ねぎを飾る。

POINT

えびは火を通しすぎるとかたくなるので、加熱時間は3分程度が◎。

あさりのうまみがじゅわわわ〜！

おすすめズボラ飯48

あさりの青じそドレ蒸し

シンプルなのに絶品の一品！
ドレッシングのほどよい酸味で、さっぱり食べられます。

●材料（1人分）

あさり ››› 200g
青じそドレッシング（ノンオイル） ››› 大さじ2
青じそ ››› 適量

●作り方

1 あさりは砂抜きして
殻をよく洗って水けをきる。

2 耐熱容器に1、
青じそドレッシングを入れ、
ふんわりとラップをして
電子レンジで2〜3分加熱する。
好みでせん切りにした青じそを散らす。

POINT

ドレッシングのかわりにポン酢しょうゆや酒、白ワインでも！

おすすめ
ズボラ飯 49

肉じゃが

めんつゆ&電子レンジパワーで、おふくろの味が見事に再現！

じゃがいものホクホク感がバッチリッ!!

●材料（1人分）

じゃがいも »» 1個（150g）
玉ねぎ »» ¼個
豚薄切り肉 »» 100g
めんつゆ（ストレート） »» ½カップ
※3倍濃縮タイプの場合、めんつゆ25mℓ+水75mℓ

●作り方

1 じゃがいもは一口大、玉ねぎは薄切りにする。
2 耐熱容器に1、豚肉を1枚ずつ広げてめんつゆを加え、ふんわりとラップをして電子レンジで約7分加熱する。

POINT
味をしっかりしみ込ませるには、あら熱がとれるまで冷ましておくのが肝心！

おすすめ
ズボラ飯 50

かぼちゃの煮物

切る手間のない冷凍かぼちゃで、長時間煮たような本格派の味わいに！

花にはたまらんちょっぴり甘い味つけ☆

●材料（1人分）

冷凍かぼちゃ »» 5個（100g）
めんつゆ（ストレート） »» 大さじ2
砂糖 »» 小さじ1

●作り方

1 耐熱容器に冷凍かぼちゃ、めんつゆ、砂糖の順で入れる。
2 1にふんわりとラップをして電子レンジで約2分加熱する。

POINT
かぼちゃは解凍せず、冷凍のまま使用して。

9皿め

ザッツステーキ!

花はとことん日本人です!!
スイスの雪山 改め
富士山
ごはんと醤油味はどんな高級肉をも制す!!

「肉をガッツリ食べたい〜!」
そんな気分になることはありませんか?
こんなときこそ、〝ステーキ〟の出番です。
とはいっても、家庭で作るとなると、
火かげんやソース作りなどが難しいもの。
そこで参考にしたいのが、花流レシピ!
身近な調味料でズボラにして、
絶品の一皿に仕上げます。

花の食卓
その7

高級肉を制するもの

ぶ厚い高級肉を思う存分食べた〜い！
そんな今宵はステキにステーキナイト☆

サイコロステーキの
焼き肉のタレがけ白米添え

再現レシピ 8

サイコロステーキの焼き肉のタレがけ白米添え

● 材料（1人分）

牛肉（ステーキ用）›››› 200g
塩、黒こしょう ›››› 各適量
サラダ油 ›››› 適量
赤ワイン ›››› 適量
焼き肉のたれ ›››› 適量
ごはん ›››› 一皿分

● 作り方

1 室温にもどした牛肉に塩を振り、黒こしょうをひく。
2 フライパンにサラダ油を熱し、1を入れる。
肉汁が表面に浮いてきたら裏返して、赤ワインを加える。
3 弱火にした2にふたをし、30秒蒸らす。
4 さいころ状に切った3を器に並べ、焼き肉のたれをかける。
好みでごはんを添える。

生クリームを
ひとたらしすれば、
まろやか～な
味わいにワープ♥

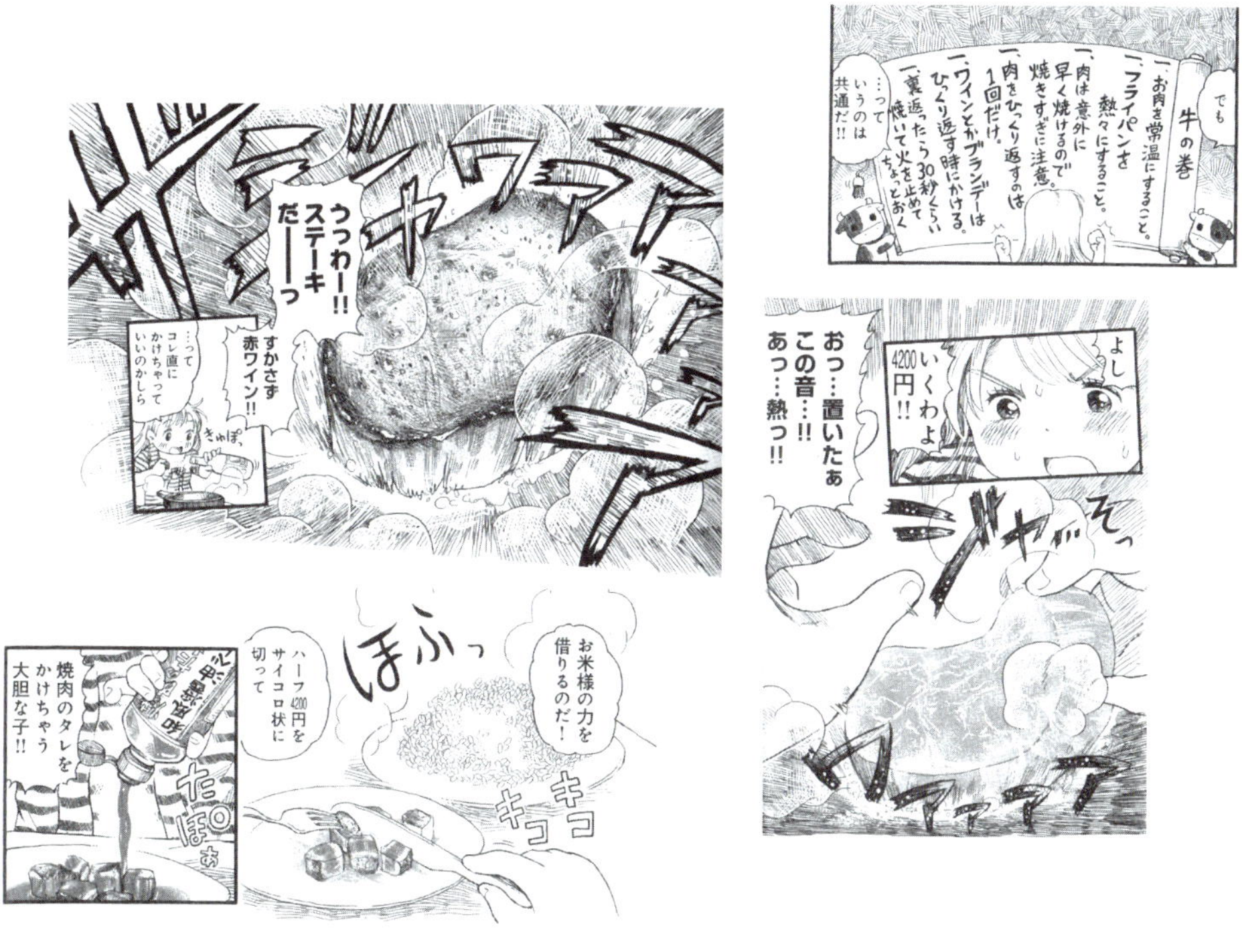

うわーっっ!! 衝撃のやわらかさっ!

おすすめズボラ飯51

シャリアピンステーキ

安いお肉も玉ねぎパワーでやわらかジューシー!

材料（1人分）

牛肉（ステーキ用）»» 1枚（150g）
玉ねぎ »» ¼個
塩、こしょう »» 各適量
オリーブ油 »» 大さじ1
しょうゆ »» 大さじ1
酒 »» 大さじ1
クレソン »» 適量
ミニトマト »» 適量

作り方

1 牛肉は薄切りにして塩、こしょうを振り、すりおろした玉ねぎに30分ほど漬ける。

2 フライパンにオリーブ油を熱し、煙が出てきたら1の両面を焼き、しょうゆ、酒を加える。

3 器に2を盛り、好みでクレソン、ミニトマトを添える。

POINT

時間があれば、牛肉は玉ねぎのすりおろしに一晩漬けるのがベスト!

ケチャップ味だから、子どもにもウケよしっ♥

おすすめズボラ飯52

ステーキピカタ

肉を卵で覆ってこんがり焼いた〝ピカタ〟。今回はステーキ用の牛肉でぜいたくに！

●材料（1人分）

牛ヒレ肉（ステーキ用）»» 1枚（80g）
塩、こしょう »» 各適量
卵 »» 1個
粉チーズ »» 大さじ1
グリーンアスパラガス »» 2本
オリーブ油 »» 大さじ1
トマトケチャップ »» 適量

●作り方

1 ときほぐした卵に粉チーズをまぜ、塩、こしょうで下味をつけた牛肉をくぐらせる。

2 フライパンにオリーブ油を熱し、1を入れて両面をこんがりと焼く。脇でグリーンアスパラガスも一緒に焼く。好みでトマトケチャップをつけて。

POINT

牛肉はヒレ部分を選ぶと、やわらかく、しかもヘルシー！

肉・肉・肉！　花、肉をガツンと食らいますぅ〜!!

おすすめズボラ飯53

ガーリックステーキ丼

パンチあるどんぶりは、ゴロさんも大喜び！

●材料（1人分）

牛サーロイン肉（ステーキ用）
»» 1枚（150g）
市販のサラダ »» 1パック
にんにく »» 1かけ
塩、こしょう »» 各適量
オリーブ油 »» 大さじ1

A
バター »» 10g
ウスターソース »» 大さじ1
しょうゆ »» 小さじ1
赤ワイン（もしくは酒）
»» 大さじ1

ごはん »» どんぶり1杯分

●作り方

1 牛サーロイン肉は筋切りして塩、こしょうを振り、10分ほどおく。
2 フライパンにオリーブ油を熱し、煙が出てきたら1を入れて両面を焼く。
3 ごはんにサラダ、食べやすく切った2の順でのせる。
4 肉汁が残った2のフライパンにスライスしたにんにく、Aを入れて熱し、3のごはんにかける。

POINT
市販のサラダ以外にも、水菜やサラダ用ほうれんそうをのせてもOK！

10皿め

真っ当な塩鮭

朝食やお弁当のおかずとして、
愛されている塩鮭。リーズナブルなうえ、
冷凍保存しやすいのが魅力です。
しかも、ほどよい塩けがあり、下味をつける
手間がいらないから、いろんなメニューに
活用したいところ。花流レシピなら、
〝和風〟なイメージの塩鮭が
おしゃれな洋食メニューに変身します！

花の食卓
その８

充実の塩鮭定食

日本人なら、焼き鮭にみそ汁、
ごはん、花らっきょうで決まりっ！

塩鮭定食

再現レシピ９

塩鮭定食

●材料（1人分）

塩鮭 »» 1切れ
わかめ（乾燥） »» 適量
長ねぎ »» 適量
だしの素 »» 小さじ⅔
水 »» 1カップ
みそ »» 大さじ1弱
ごはん »» 茶わん1杯分
花らっきょう »» 適量

●作り方

1 塩鮭は魚焼きグリルでこんがりと焼く。
2 わかめは水でもどし、大きければ刻む。長ねぎは斜め薄切りにする。
3 鍋に水を入れて沸かし、だしの素を加え、2の長ねぎを加える。長ねぎに火が通ったら、2のわかめを加えてみそをとき入れる。
4 茶わんにごはんを盛り、1、花らっきょうを器にのせ、3をおわんによそう。

花のちょい足しメモ

魚の焼き鮭にあえて、焼き肉のたれをつける～！魚嫌いも克服可能!?

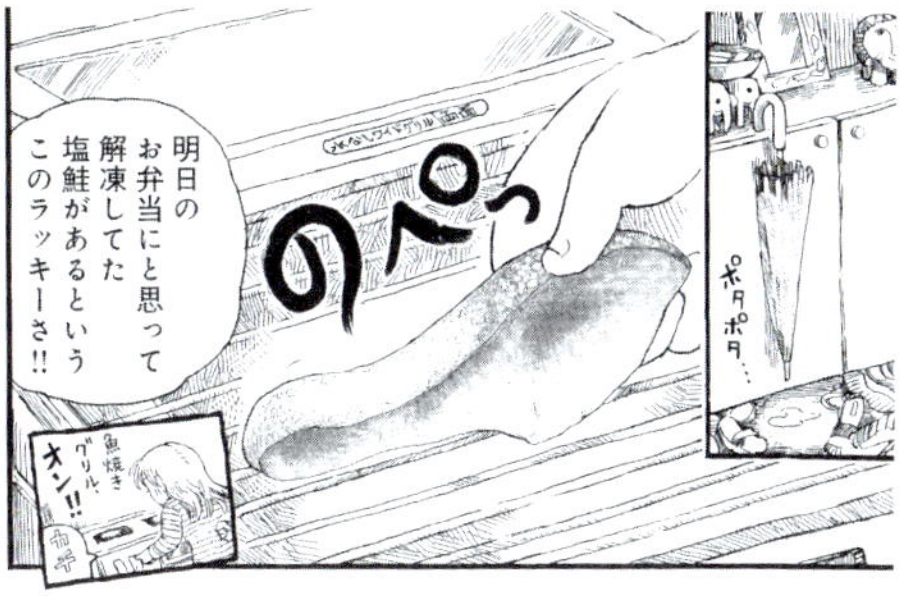

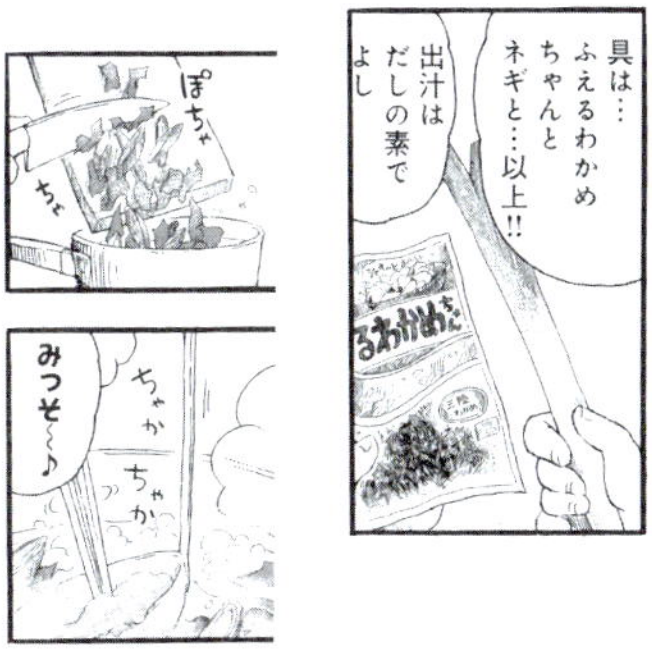

白ワイン片手にオサレ〜に食べたい♪

おすすめズボラ飯54

塩鮭のハーブムニエル

和風の塩鮭がおしゃれなムニエルに。
パセリの香り&バターのコクで魚が苦手な人でもおいしく！

●材料（1人分）

塩鮭 »»» 1切れ
小麦粉 »»» 適量
ドライパセリ »»» 適量
バター »»» 10g
市販のサラダ »»» 適量

●作り方

1 塩鮭に小麦粉とドライパセリをまぶす。
2 フライパンにバターをとかし、1を両面こんがりと焼いて器に盛り、市販のサラダを添える。

POINT
鮭は甘塩タイプがベスト。
ドライパセリ以外にほかのドライハーブなどを代用してもおいしい！

塩鮭の絶妙な塩かげんがウマさの秘訣っ！

おすすめズボラ飯55

塩鮭のベジアクアパッツァ

塩鮭から出る塩味とうまみで、野菜がおいしく食べられる！
鮭の身もふっくらやわらか。

●材料（1人分）

塩鮭 »» 1切れ
しめじ »» ½パック
玉ねぎ »» ½個
ミニトマト »» 4個
酒 »» 大さじ2
オリーブ油 »» 小さじ1
チャービル »» 適量

●作り方

1 しめじは石づきを切り落としてほぐし、玉ねぎは薄切りする。
2 フライパンに1を敷いて、塩鮭、ミニトマトをのせて酒、オリーブ油を振る。ふたをし、塩鮭に火が通るまで蒸す。好みでチャービルを添える。

POINT
好みでチーズをのせてもOK！　ポン酢しょうゆをつけるのもおすすめ。

おすすめ
ズボラ飯 56

鮭しそごまおにぎり

鮭がた～っぷり詰まったおにぎりは、秋の行楽にもってこい！

青じその香りがさわやか～♥

●材料（1人分）

塩鮭 »» 1切れ
ごはん »» 茶わん2杯分
青じそ »» 5枚
いり白ごま »» 適量

●作り方

1 塩鮭は魚焼きグリルでこんがりと焼いてほぐす。
2 青じそはせん切りにし、すべての材料をまぜ合わせ、おにぎりにする。仕上げにごまをトッピングしても。

POINT
青じそはペーパータオルなどで水けをしっかりとること！

おすすめ
ズボラ飯 57

鮭のお茶漬け

たまには自分で焼いた鮭をのせた、ぜいたくなお茶漬けを味わって。

ほっと一息、ココロとカラダにやさしいウマさッ！

●材料（1人分）

塩鮭 »» ½切れ
ごはん »» 茶わん1杯分
漬物（たくあん、しば漬け）»» 適量
刻みのり »» 適量
熱湯 »» 適量

●作り方

1 塩鮭は魚焼きグリルでこんがりと焼く。
2 茶わんにごはんを盛り、1、漬物をのせて熱湯をかけ、刻みのりを飾る。

11皿め 偶然の産物鍋

家族や友人と一緒に囲んで食べたい〝鍋〟
実はひとりごはんにも最適なんです。しかも、
不足しがちな野菜がたっぷりとれてヘルシー、
カラダが芯からあたたまると、いいことずくめ。
そんな鍋を意外な食材の組み合わせで
作ってしまうところが、花の成せる業!
この冬はいつもの鍋ではなく、
花流鍋でほっこりあたたまってみては?

花の食卓
その9

ポトフに なれなかった鍋

牛乳×ケチャップ×みその意外なコンビから
生まれる絶妙な味わい。
これぞ、ミラクルな一皿でございます。

ポトケチャミルクミソ鍋

再現レシピ 10

ポトケチャミルクミソ鍋

●材料（4人分）

じゃがいも（メークイン）»» 3個
にんじん »» 1本
かぶ »» 4個
セロリ »» 1本
ブロッコリー »» ½個
玉ねぎ »» 1個
クローブ »» 4個
牛肉 »» 300g
ローリエ »» 1枚
水 »» 5カップ
牛乳 »» 2カップ
トマトケチャップ »» 大さじ4
みそ »» 大さじ5 ～ 6
塩、こしょう »» 各適量

●作り方

1 じゃがいもは皮をむいて大きめの一口大、にんじんは斜め切り、かぶは大きければ半分に切る。セロリはぶつ切り、ブロッコリーは小房に分ける。玉ねぎは縦4等分にしてそれぞれにクローブをさす。牛肉は食べやすい大きさに切る。

2 厚手の鍋に1と水、ローリエを入れ、中火でことことと火が通るまで煮る。

3 2に牛乳、トマトケチャップ、みそを加え、さらに塩、こしょうで味をととのえる。

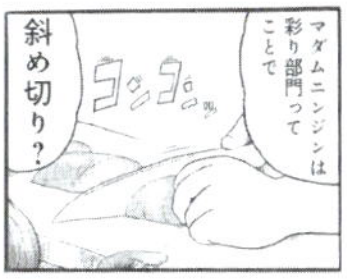

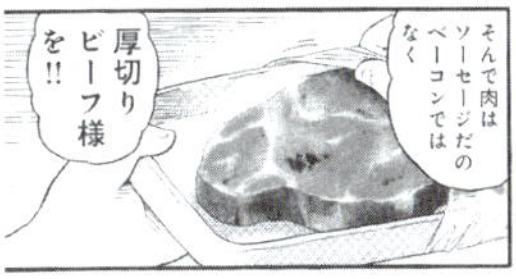

食べるときに
柚子こしょうをプラス！
ピリッと味が引き締まって
大人の味わいに
変化するぅ～。

ヘルシーなのにジューシーなギョーザに胸キュン♥

おすすめズボラ飯58

洋風ギョーザスチーム鍋

ギョーザは鍋の具としても優秀。きれいに並べて、さらにミニトマトなどを添えれば、見た目もキュート！

●材料（1人分）

ギョーザ（市販、冷凍でも可）»» 8個
キャベツ »» ¼玉
ブロッコリー »» 適量
ミニトマト »» 適量

A
水 »» 1カップ
固形ブイヨン »» 1個
しょうゆ »» 小さじ2
酒 »» 小さじ2

粒マスタード »» 適量

●作り方

1 鍋にざく切りにしたキャベツを敷き詰め、小房に分けたブロッコリー、ミニトマト、ギョーザをのせ、**A**を加えて中火にかけ、蒸し煮にする。

2 好みで粒マスタードをつけて食べる。

POINT
粒マスタードのほか、好みでポン酢しょうゆや酢じょうゆ、柚子こしょうをつけて食べてもGOOD。

豚肉のうまみがあふれた汁はゴクゴク飲みほした〜い！

おすすめズボラ飯59

アジアンしゃぶしゃぶ

ナンプラーが効いたエスニックなしゃぶしゃぶ。香菜のさわやかな香りが食欲を刺激します。

●材料（1人分）

豚しゃぶしゃぶ肉 »» 100g

A
- 水 »» 500mℓ
- 鶏ガラスープの素（顆粒） »» 大さじ1
- ナンプラー »» 大さじ1

香菜 »» 1袋

水菜 »» 1/4束

万能ねぎ »» 1/2束

柚子こしょう »» 適量

●作り方

1 鍋にAを入れて煮立てる。

2 1に食べやすい大きさに切った野菜類、豚肉を加えてさっと煮る。好みで柚子こしょうをつけて食べる。

POINT

水菜の食感を残し、豚肉をやわらかく仕上げるため、短時間でサッと煮ることが大切！

おすすめ
ズボラ飯 60

キムチ豆乳なべ

ピリ辛なキムチ鍋が豆乳のおかげで、やさしい味に。

マイルドでおかわり必至のウマさっ!!

●材料（1人分）

豆乳 »» 1カップ
豆腐（小） »» 1丁
豚バラ薄切り肉 »» 100g
長ねぎ »» 1本
A | 水 »» 1.5カップ
鶏ガラスープの素（顆粒） »» 大さじ1.5
しょうゆ »» 大さじ½〜1
キムチ »» 100g

●作り方

1 鍋に**A**を入れて煮立てる。
2 **1**に食べやすい大きさに切った豆腐、豚肉、長ねぎを加え、火が通ったら豆乳を加えてさっと煮る。

おすすめ
ズボラ飯 61

豆もやしとにら＋豚肉の蒸し鍋

野菜がたっぷりとれるヘルシー鍋。豆もやしの食感がたまらない！

豚肉のうまみが野菜にしみ込んでるぅ〜!!

●材料（1人分）

豆もやし »» 1袋
にら »» 1束
豚切り落とし肉 »» 100g
にんにく »» 1かけ
酒 »» ¼カップ
ポン酢しょうゆ »» 適量

●作り方

1 にらは食べやすい大きさに切り、にんにくは薄切りにする。
2 鍋に豆もやしと**1**を入れてまぜ、豚肉を並べ、酒を加えたら、中火にかけて蒸す。ポン酢しょうゆをつけて食べる。

12皿め

焼いただけなのに…

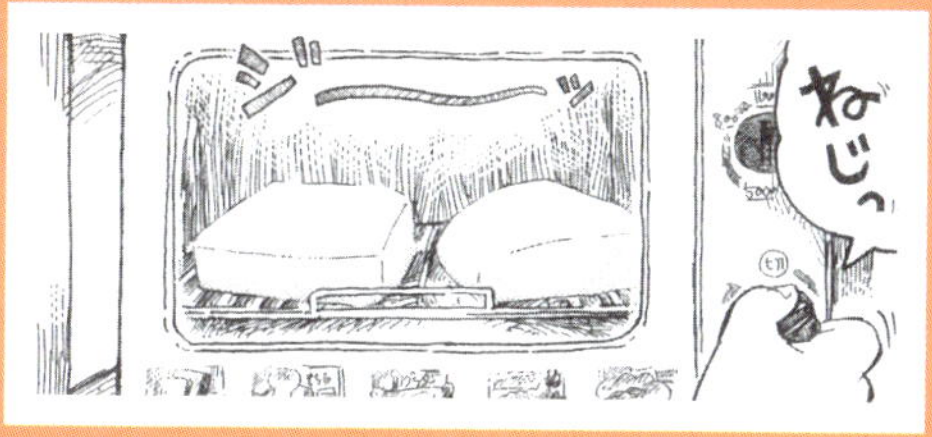

外でワイワイ飲むのも楽しいけど、
たまにはしっぽり家飲みはいかが？
そんなときに絶好のおつまみが
花流〝焼いただけ〟レシピメニューです。
オーブントースターや魚焼きグリルに
食材を入れて待つだけ！　肉も野菜も……、
焼くことで香ばしく、食感もアップ。
お酒を片手にほろ酔い気分で作ってみて。

サク、カリッ…食感に酔いしれるのぉ〜！

おすすめズボラ飯62

ベイクド油揚げ

香ばしい焼き目が最高！
お酒のおつまみに最適の一品です。

●材料（1人分）

油揚げ ›››› 1枚
万能ねぎ ›››› 適量
おろししょうが ›››› 適量
しょうゆ ›››› 適量

●作り方

1 油揚げは魚焼きグリル（もしくはオーブントースター）でこんがりと焼き、食べやすい大きさに切る。

2 1に小口切りにした万能ねぎ、おろししょうがをのせ、しょうゆをかける。

POINT

油揚げは食べ応えのある厚めタイプが◎。
好みでみそを塗ったり、チーズをのせて焼いても。

皮は香ばしくパリッ、身はふっくら♥

おすすめズボラ飯63

鶏グリル

魚焼きグリルで焼くから、余分な油が落ちてヘルシー。柚子こしょうで、鶏のうまみが引き立ちます！

●材料（1人分）

鶏もも肉 »»» 1枚
塩、こしょう »»» 各適量
柚子こしょう »»» 適量
季節の野菜（アスパラガス、ミニトマト）»»» 適量

●作り方

1 鶏肉は皮目にフォークで穴をあけ、塩、こしょうを振る。

2 魚焼きグリルで1に火が通るまで焼く。好みで、季節の野菜を一緒に焼いて添えてもOK。柚子こしょうをつけて食べる。

POINT

季節の野菜は長いもやれんこん、じゃがいもの薄切りなどもおすすめ！

ウマすぎて、何本でもイケルー!!!

おすすめズボラ飯64

焼きなす

みずみずしくジューシーな焼きなす。
＋ごま油で香り豊かに召し上がれ！

●材料（1人分）

なす »» 好きなだけ
おろししょうが »» 適量
ごま油 »» 適量
だししょうゆ »» 適量
万能ねぎ »» 適量

●作り方

1 なすをまるごと魚焼きグリルで皮がしんなりするまでよく焼く。へたを切り落とし、手で皮をむいて裂く。

2 1におろししょうが、ごま油、だししょうゆをかける。好みで、小口切りにした万能ねぎを散らす。

POINT

旬の時季にとれるなすなら、とろ〜っとやわらかな食感を味わえる！

軸を持って食べる斬新おつまみ♥

おすすめズボラ飯65

しいたけチーズ

肉厚なしいたけの食感、チーズの塩けがたまらない！

●材料（1人分）

しいたけ »» 好きなだけ
ピザ用ミックスチーズ »» 適量
しょうゆ »» 適量

●作り方

1 しいたけの傘の部分に
ピザ用ミックスチーズを詰める。

2 魚焼きグリル（もしくはオーブントースター）で、
1をこんがり焼く。好みでしょうゆをかけて。
石づきはかたいので食べないほうがよい。

POINT

カマンベールやブルーチーズでも好相性。
パン粉やドライハーブをプラスしても美味！

クリ～ミィな舌ざわり♥
食べなきゃソンソンソンっ!!

おすすめズボラ飯66

焼きアボカド

焼くことで、ねっとり新食感に変化！

●材料（1人分）

アボカド »» 1個
わさび »» 適量
しょうゆ »» 適量

●作り方

1 アボカドは縦に切り込みを入れてねじって半分にし、種を除く。
2 魚焼きグリル（もしくはオーブントースター）で1をこんがりと焼く。
3 2の種のあったくぼみにわさび、しょうゆを入れ、スプーンですくって食べる。

POINT

しょうゆ＋わさびのかわりにナンプラーで食べてもおいしい！

カリッとした食感と絶妙な塩かげん〜!!

おすすめズボラ飯67

カリカリチーズせんべい

ビールやワインのお供にぴったり!
＋αで無限の味が楽しめます。

●材料（1人分）

ピザ用ミックスチーズ ›››› 好きなだけ
好みのスパイス（カレー粉、七味唐辛子、こしょう）
›››› 適量
ドライハーブ ›››› 適量

●作り方

1 フライパンにピザ用ミックスチーズを丸くおき、中火で熱し、片面ずつ焼く。
2 1に好みのスパイスやドライハーブを振る。

POINT

焼き具合は好みで。シナモンシュガーをかければ、ワインのおつまみに最高！

ほんのりとけたバターが超絶ウマい〜!!!

おすすめズボラ飯68

しょうゆバター磯辺もち

定番の磯辺もちに〝バター〟をプラスし、コクを演出！

●材料（1人分）

もち »» 2個
しょうゆ »» 適量
バター »» 10g
焼きのり »» 2枚

●作り方

1 もちはオーブントースターや魚焼きグリルでこんがりと焼く。

2 1にしょうゆをつけて、半分に切ったバターとともに焼きのりで挟む。

POINT

しょうゆバターのほか、きな粉やシナモンシュガーとも好バランス！

トゥルンとした食感と甘みにびっくらたまげる！

おすすめズボラ飯69

焼きねぎ

お酒のおつまみはもちろん、
風邪のひき始めに食べると養生効果大！

●材料（1人分）

長ねぎ »»» 1本
七味唐辛子 »»» 適量
しょうゆ »»» 適量

●作り方

1 長ねぎを魚焼きグリル（もしくはオーブントースター）に入る長さに切り、真っ黒になるまで焼く。
2 1のいちばん外側の真っ黒になった皮をはがし、内側をキッチンばさみやナイフで切って、七味唐辛子やしょうゆをつけて食べる。

POINT
糖度が増す冬のねぎや、深谷ねぎがおすすめ。
1本まるごと焼くことで、甘さやうまみがUP！

おすすめ
ズボラ飯 70

焼ききのこ

香ばしい焼き目とシャキシャキの食感が魅力です。

●材料（1人分）

エリンギ »» 好きなだけ
オリーブ油 »» 適量
しょうゆ »» 適量

●作り方

1 エリンギは石づきを切り落として、手で裂く。
2 魚焼きグリル（もしくはオーブントースター）で1を焼く。オリーブ油やしょうゆをつけて食べる。

POINT
まいたけやしめじなど、好みのきのこで試して。

超シンプルなのに箸が止まらないウマさっ！

おすすめ
ズボラ飯 71

まるごとにんにく焼き

にんにくをゴロンとまるごと使った、スタミナ満点のおつまみ！

●材料（作りやすい分量）

にんにく »» 1玉
オリーブ油 »» 適量
塩 »» 適量

●作り方

1 にんにくはアルミホイルにのせて、オリーブ油と塩を振って包む。
2 オーブントースターで1を約15分焼く。竹串が通れば、でき上がり！

POINT
余ったら、しょうゆに漬けて保存を。
チャーハンなどに便利なにんにくじょうゆが完成します。

ホクホクとした食感＆甘みはクセになるのだぁ☆

13皿め おにぎり再生

手軽に買えるコンビニごはんといえば、
〝おにぎり〟がハズせません。
そんな身近な食材にほんの少し
手を加えるのが花流！
おしゃれなイタリアンから韓国風まで……、
コンビニおにぎりが立派な食事に変貌を
遂げるレシピをお届けしちゃいます。

花の食卓
その10

ズボラにして無敵のおいしさ

コンビニおにぎりがお茶漬けに変身！
塩昆布の塩け、梅干しの酸味でいとうまし♥

オニギリ茶漬け

再現レシピ 11

オニギリ茶漬け

●材料（1人分）

コンビニの鮭おにぎり »»» 1個
塩昆布 »»» お箸で一つまみ
梅干し »»» 1個
熱湯 »»» 適量
ねりわさび »»» 適量

●作り方

1 器に鮭おにぎりを入れ、塩昆布、梅干しを入れる。
2 1に熱湯をかけてごはんを箸でくずし、ねりわさびを添える。

塩こんぶと……
ぱら…
ママンの漬けた梅干しをのせて……
あーツバでる
コロ…
お湯を
かけまーす
どぼぼっ
そしてお箸で突き崩して…
アハン？
そくっそくっ
今度は練りわさびを
くりっ

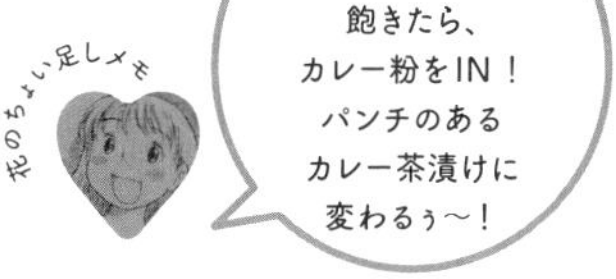

花のちょい足しメモ
シンプルな梅茶漬けに
飽きたら、
カレー粉をIN！
パンチのある
カレー茶漬けに
変わるぅ〜！

おにぎり×パンの新コンビ！ コレは革命的なウマさッ♥

おすすめズボラ飯72

おにぎりバーガー

おにぎりをバンズで挟んだボリューム満点バーガー！

●材料（1人分）

コンビニのおにぎり »» 1個
バンズ »» 1個
マヨネーズ »» 適量
ハム »» 1枚
とろけるスライスチーズ »» 1枚
トマト（輪切り）»» 1枚
ルッコラ »» 適量

●作り方

1 バンズを上下半分に切り、切り口にマヨネーズを塗る。
2 1の下部分につぶしたおにぎり、ハム、とろけるスライスチーズ、トマトの順にのせ、オーブントースターでチーズがとろけるまで焼く。このとき、1の上部分も切り口を上にして焼く。
3 焼き上がった2の下部分にルッコラをのせ、上部分のバンズをのせる。

POINT

おにぎりの具は梅干しや昆布よりも、ツナマヨや鮭などが理想！

おにぎりなのにイタリア～ン♥

おすすめズボラ飯73

ベイクドおにぎりチーズ

ケチャップ&チーズで、まるでピザのような味わい！

●材料（1人分）

コンビニのおにぎり »» 2個
ベーコン（ハーフ）»» 1枚
トマトケチャップ »» 適量
ピザ用ミックスチーズ »» 適量
イタリアンパセリ »» 適量

●作り方

1 コンビニのおにぎりは平らに手でつぶす。

2 1にトマトケチャップを塗り、ピザ用ミックスチーズ、好みでベーコンをのせ、オーブントースターでチーズがとろけるまで焼く。器に盛り、好みでイタリアンパセリを飾る。

POINT

のりはお好みで巻いて。おにぎりに具が入っているので、ベーコンがなくても十分おいしい！　好みで黒こしょうを振っても。

ピリ辛スープに浸ったおにぎり、うまし♪

おすすめズボラ飯74

クッパおにぎり

人気のクッパがたった2つのコンビニ食材で作れちゃう！

●材料（1人分）

コンビニのおにぎり »» 1個
韓国風チゲのスープ（カップタイプ） »» 1個

●作り方

1 韓国風チゲのスープに表示量の熱湯を注ぐ。
2 1にコンビニのおにぎりを入れて、くずしながら食べる。

POINT
仕上げにキムチや白ごまをトッピングするのもGOOD。

バターじょうゆが胃袋を刺激するぅ！

おすすめズボラ飯75

バター焼きおにぎり

カリッと香ばしい焼き目としょうゆ味が魅力。
バターでコクをプラスして。

●材料（1人分）

コンビニのおにぎり »» 2個
バター »» 10g
だししょうゆ »» 適量

●作り方

1 フライパンにバターをとかし、コンビニのおにぎりを両面こんがりと焼く。
2 1にだししょうゆをたらし、のりを巻いて食べる。

POINT
梅干しや鮭などの塩けの強い具の場合は、だししょうゆの量を控えめに！

このウマサっ、どげんかせんといかん〜!!!

おすすめズボラ飯76

肉巻きおにぎり

宮崎名物の肉巻きおにぎりをコンビニおにぎりで再現!

●材料(1人分)

- コンビニのおにぎり »» 2個(のりは不要)
- 豚切り落とし肉(バラ薄切り) »» 2枚
- 焼き肉のたれ »» 適量
- サラダ油 »» 適量
- いり白ごま »» 適量
- 紅しょうが »» 適量

●作り方

1 豚肉は焼き肉のたれに5分ほど漬けておく。

2 のりを巻いていないコンビニのおにぎりに1を巻き、サラダ油を熱したフライパンで巻き終わりを下にして焼く。

3 2を転がしながら、しっかり豚肉に火を通し、1の残り漬けだれを加えて煮からめる。好みでごまを振りかけ、紅しょうがを添えて。

POINT

巻き終わりを下にして焼くことで、豚肉がはがれにくくなる!

14皿め

甦るみそ汁

一口飲めば、ほっと心が休まるみそ汁。
ただし、鍋でたっぷり作ってしまうと、
余りがちではないですか？
そんなみそ汁を最後まで賢く活用するのが、
主婦の代表・花のポリシーなんです！
そこで、ごはんやパスタなどと組み合わせて、
1品で立派な食事になる
みそ汁リメイク料理をお届け。

花の食卓
その11

昨日のみそ汁が若返る

つい余りがちなみそ汁も、
きりたんぽ投入〜で豪華なメニューに！
日本人の花にはたまらん逸品ですぅ。

みそ汁きりたんぽ

再現レシピ 12

みそ汁きりたんぽ

材料（1人分）

残りみそ汁 »» 好みの量

きりたんぽ »» 2本

かんずり »» 少々

作り方

1 きりたんぽは斜め切りにする。

2 あたためたみそ汁に 1 を入れて器に盛る。かんずりをまぜながら食べる。

花のちょい足しメモ

粉チーズを振りかければ、一気に洋風にシフト！まろやか＆コクが増して、たまんないウマさに♡

こないだの鍋で使い忘れたキリタンポ!!
これを昨日のみそ汁の残りに入れる!!
なんて頼もしいキリタンポ
お米で出来てるとこが頼もしい!! お米……
のっす
のっす

かんずり
新潟産辛味調味料の傑作!!
とろ。
ん〜〜〜〜 おいしー 昨日のみそ汁が若返ったわ!!
かんずり大活躍!!

みそ煮込みうどんは煮込み具合がみ・そ♪

おすすめズボラ飯77

みそ煮込みうどん

ほっこりやさしい味わいのみそ煮込みうどんは、夜食メニューに最適！　半熟卵でまろやかさアップ。

●材料（1人分）

残りみそ汁 »»» お玉2杯分
冷凍うどん »»» 1玉
卵 »»» 1個
七味唐辛子 »»» 適量

●作り方

あたためたみそ汁に冷凍うどんを入れて煮たら、卵を落とし入れる。好みで七味唐辛子を振る。

POINT

大根やねぎ、油揚げなどのみそ汁はもちろん、けんちん汁でも◎。うどんの煮込み時間は好みでOK。

クリーミィな味わいは全米が泣くウマさっ☆

おすすめズボラ飯78

みそカルボナーラ

和風のみそ汁がおしゃれなカルボナーラに変身！
生クリームをプラスし、まろやかテイストに。

●材料（1人分）

残りみそ汁 »» お玉2杯分
スパゲッティ »» 100g
生クリーム »» 大さじ3
マヨネーズ »» 大さじ1
塩、こしょう、黒こしょう »» 各適量

●作り方

1 鍋にたっぷりの湯を沸かし、塩を加えてスパゲッティを表示どおりにゆでる。

2 残りみそ汁をあたためて生クリームを加え、1、マヨネーズとあえ、塩、こしょうで味をととのえる。
器に盛り、黒こしょうをひく。

POINT

全体の味をピリッと引き締めてくれる黒こしょう。
食べる直前にひけば、香りが断然よい！

おすすめ
ズボラ飯 79

みそ汁おじや

風邪ぎみのときやお酒を飲んだあとに食べたい“おじや”。

あたたか～くてやさしい味に花の心はほっかほか♥

●材料（1人分）

残りみそ汁 »» お玉2杯分
ごはん »» 茶わん1杯分
卵 »» 1個
万能ねぎ »» 適量

●作り方

1 残りみそ汁をあたためてごはんを加え、煮立ったらときほぐした卵を加える。

2 器に1を盛り、斜め切りにした万能ねぎを飾る。

POINT

ふわふわの卵に仕上げるには、あまり煮立たせないこと。
仕上げに七味唐辛子を振りかけても。

おすすめ
ズボラ飯 80

冷や汁風

きゅうりやみょうがのシャキシャキ感がアクセント。

食欲のない夏にもズズーッといってまう～♪

●材料（1人分）

残りみそ汁 »» お玉2杯分
ごはん »» 茶わん1杯分
きゅうり »» ½本
みょうが »» 1本
青じそ »» 2枚
いり白ごま »» 適量

●作り方

1 きゅうり、みょうがは小口切り、青じそはせん切りにする。

2 器にごはんを盛り、冷やしたみそ汁をかけ、1を盛りつけて、ごまを振る。

POINT

好みで七味唐辛子を振りかけてもOK！

15皿め

ラヴリィ♥そうめん

うわ――……
豪華なんだか
みすぼらしいんだか
わかんないお昼ねっ
お得用
つゆ

夏の食卓に欠かせない〝そうめん〟も、花流レシピなら、秋冬でもおいしく！シンプルにめんつゆで食べるのはもちろん、レトルトやドレッシングなど、手軽な食材や調味料を使ったエスニック風にゅうめんやチャンプルーは新感覚のおいしさです。乾燥タイプなら長期保存も可能だから、おうちごはんの常備食材にストックを！

花の食卓
その12

料理王と番長の絶品コラボ

夏の定番メニュー・そうめんはズボラにして、たまらんウマさっ！
薬味にこだわるのが花流です。

夏の番長 みょうが添えそうめん

再現レシピ 13

夏の番長 みょうが添えそうめん

●材料（1人分）

そうめん（乾燥）››› 2束
みょうが ››› 3本
しょうが ››› 1かけ
万能ねぎ ››› 3本
焼きのり ››› ½枚
めんつゆ ››› 適量
いり白ごま ››› 適量

めんつゆに
七味を加えて
辛みを演出するように、
コーラをプラスすれば
甘さがUP！
挑戦する
価値アリ〜！

●作り方

1 みょうがは縦8等分、しょうがはすりおろし、
万能ねぎは小口切り、焼きのりはキッチンばさみで切る。
2 そうめんは熱湯で表示どおりにゆで、流水でぬめりをとる。
3 2に1を添え、めんつゆをつけて食べる。好みでごまを振って。

タイさながらの本格的な味わいにヤミツキ必至～♥

おすすめズボラ飯81

タイカレーにゅうめん

いつものそうめんも、＋グリーンカレーでアジア風に激変！

● 材料（1人分）

ゆでて余ったそうめん »» 1束分
グリーンカレー（レトルト）»» 1袋
香菜 »» 適量
ナンプラー »» 適量

● 作り方

1 グリーンカレーを表示どおりにあたためる。
2 そうめんに1をかける。
好みでナンプラーをかけたり、
香菜をのせても。

POINT

レッドカレーやトムヤムクン、スープカレーもそうめんと相性バツグン。

ドレッシングのほどよい酸味が食欲をそそるぅ!!

おすすめズボラ飯82

ドレッシングそうめんチャンプルー

沖縄の家庭料理・そうめんチャンプルーは、ドレッシングで簡単味つけ!

●材料（1人分）

ゆでて余ったそうめん »» 1束分
にんじん »» ⅓本
玉ねぎ »» ¼個
にら »» ½束
ごま油 »» 小さじ½
豚切り落とし肉 »» 50g
ドレッシング »» 大さじ2
削り節（小袋タイプ） »» 1袋

●作り方

1 にんじんは短冊切り、玉ねぎは薄切り、にらは5㎝長さに切る。
2 フライパンにごま油を熱し、豚肉、1を順に炒め、火が通ったら、そうめんを加える。
3 2にドレッシングを加えて味つけし、器に盛って、削り節をかける。

POINT
中華や玉ねぎドレッシングが◎！　ドレッシングに油が入っているので、炒め油は少なめでOK。

おすすめ
ズボラ飯 83

モロヘイヤラー油そうめん

モロヘイヤ＆食べるラー油入りのつゆは、パンチのある味わい。

●材料（1人分）

そうめん（乾燥）»» 2束
めんつゆ（ストレート）»» 適量
モロヘイヤ »» ½袋
食べるラー油 »» 適量

●作り方

1 モロヘイヤの葉は手でちぎって熱湯でゆで、みじん切りにする。
2 めんつゆに1と食べるラー油をまぜる。
3 そうめんは熱湯で表示どおりにゆで、流水でぬめりをとり、2につけて食べる。

POINT
モロヘイヤはこまかくみじん切りすることで、
粘りけUP＝そうめんによくからむように！

ネバネ～バでピリ辛のつゆがうんまァ!!

おすすめ
ズボラ飯 84

パリパリそうめん

新感覚のおつまみはパリ、カリッとした食感がたまらない！

●材料（1人分）

そうめん（乾燥）»» ½束
オリーブ油 »» 適量

●作り方

フライパンに1㎝ほどオリーブ油を入れて熱し、半分に折ったそうめんを入れてこんがりと色づくまで揚げる。

POINT
そうめんはもともと塩けがあるので、
塩は振らなくてもOK。

何本でも食べられる激ウマ級のおつまみ！

16皿め

切らないヘルシー野菜

あ 彩り部門でブロッコリー伯爵もお呼びしなきゃ

「包丁を使わずに絶品野菜料理を作りたい！」
そんな声にお応えすべく、
花の料理センスを集大成して、
究極のズボラメニューを誕生させました。
カットせずにまるごと使ったり、
手でちぎったり、市販のカット野菜を
使うことで、〝包丁いらず〟を見事に実現♪
ズボラ&忙しい人の頼れるメニューです。

濃厚マヨだれで、キャベツがモリモリ食べられるぅ!!

おすすめズボラ飯85

マヨキャベ

好みのマヨだれをディップして食べる、簡単なのにおしゃれなおつまみ。

●材料（1人分）

キャベツ »» 1/4玉

◯ソース各種

【みそマヨ】

マヨネーズ »» 大さじ1

みそ »» 小さじ1

【バジルマヨ】

マヨネーズ »» 大さじ1

バジルソース »» 小さじ1

【ピリ辛マヨ】

マヨネーズ »» 大さじ1

七味唐辛子 »» 少々

●作り方

1 それぞれのソースの材料をまぜる。

2 キャベツをちぎりながら、
1のソースをつけて食べる。

POINT

みそマヨとバジルマヨはだまにならないよう、スプーンなどでよくまぜて。

トマトの酸味、
いんげんのやわらかさが絶妙なのであーる♪

おすすめズボラ飯86

いんげんとトマトのくたくた煮

ミニトマトをソースがわりにして、
たっぷりのいんげんをいただくオール野菜料理の真骨頂！

●材料（1人分）

さやいんげん ››› 1袋
ミニトマト ››› 1パック
オリーブ油 ››› 大さじ1
塩、こしょう ››› 各適量

●作り方

1 さやいんげんはキッチンばさみでへたを切り落とす。
2 フライパンにオリーブ油を熱して、1、ミニトマトを入れて炒め、塩、こしょうをして、ふたをし、いんげんに火が通るまで蒸し煮にする。

POINT
途中で焦げてきたら、酒を少し加えて。

キャベツの甘みとベーコンの塩けが絶妙マッチ〜♥

おすすめズボラ飯87

キャベツとベーコンの蒸し煮

包丁いらずの簡単さがうれしい!
アツアツでも、冷めてもおいしいメニューです。

●材料(1人分)

キャベツ »»» 1/4玉
ベーコン(ハーフ) »»» 8枚
A オリーブ油 »»» 適量
酒 »»» 50mℓ
黒こしょう »»» 適量

●作り方

1 キャベツの葉の間にベーコンを挟む。
2 厚手の鍋に**1**の切り口を下にして入れ、**A**を加えてふたをし、中火で約5分蒸す。
3 器に盛り、黒こしょうを振る。

POINT
キャベツは途中、向きを変えると早く火が通る!

絶妙な歯ごたえがサイコー☆

おすすめズボラ飯88

レンチンブロッコリー

電子レンジ加熱は栄養を逃しにくいメリットが。
まるごと1個、ダイナミックに食べるのが新鮮！

●材料（1人分）

ブロッコリー »» 1個
マヨネーズ »» 適量
塩 »» 適量

●作り方

1 ブロッコリーはよく洗ってラップで包む。
2 電子レンジで**1**を約2～3分加熱し、ナイフやキッチンばさみで切って、マヨネーズや塩などをつけて食べる。

POINT
余熱でどんどんやわらかくなるので、すぐにラップをはずし、冷蔵庫で冷やして。

おすすめ
ズボラ飯 89

豆もやしのナムル

にんにくとごま油の香りが効いています。

豆もやしのシャキシャキ感がクセになるーっ♪

●材料（1人分）

豆もやし »» 1袋

A | おろしにんにく »» 少々
ごま油 »» 小さじ2
塩 »» 小さじ⅓
すり白ごま »» 大さじ1

●作り方

豆もやしはさっとゆでて水けをきり、**A**であえる。

POINT

余ったら、密閉容器に入れて保存して。
食べるラー油とあえてもおいしい！

おすすめ
ズボラ飯 90

たたききゅうりの塩昆布漬け

塩昆布のうまみが後を引く！

ポリポリポリ…止まらんウマさ～♥

●材料（1人分）

きゅうり »» 3本
塩昆布 »» 30g

●作り方

1 きゅうりはめん棒（もしくは瓶）でたたき、ビニール袋に入れる。
2 **1**に塩昆布を加えてまぜ、約1時間漬ける。

POINT

きゅうりは包丁で切るより、
たたいたほうが味がしみ込みやすい！

おすすめ
ズボラ飯 91

冷やし塩ミニトマト

ビニール袋を使えば、トマト全体にほどよく塩がしみ込む！

ミニトマトの甘みがより引き立つ～!!

●材料（1人分）

ミニトマト »» 1パック（200g）
塩 »» 小さじ½

●作り方

ミニトマトは洗ってビニール袋に入れ、
塩をまんべんなくまぶし、冷蔵庫で冷やす。

POINT

冷蔵庫で一晩ねかせると、ミニトマトの甘みがUP！

おすすめ
ズボラ飯 92

白菜とツナのまるごとスープ煮

ツナのだしが出たスープも絶品です。

白菜がツナのうまみをた～っぷり吸収！

●材料（1人分）

白菜（縦カットタイプ） »» ¼個
ツナ缶 »» 1缶
水 »» 1カップ
固形スープの素 »» 1個
柚子こしょう »» 適量

●作り方

1 厚手の鍋に柚子こしょう以外の材料をすべて入れ、ふたをする。
2 1を中火にかける。途中、裏返しながら、白菜がくたくたになるまで煮る。好みで柚子こしょうをつけて、ナイフでカットしながら食べる。

POINT

うまみがあふれ出たスープはごはんを入れて、おじやにしても◎。

おすすめ
ズボラ飯 93

チンじゃがポテサラ

面倒なポテサラも花流なら、時短&おいしく！

●材料（1人分）

じゃがいも »» 2個（240g）
マヨネーズ »» 大さじ2
塩、こしょう »» 各適量
パセリ »» 適量

●作り方

1 じゃがいもは皮ごと洗って
ラップで包み、電子レンジで
約3分加熱する。

2 1の皮をむいてビニール袋に入れ、
上から手で押さえてつぶし、
マヨネーズ、塩、こしょうで味つけする。
仕上げにみじん切りのパセリを散らす。

POINT
明太子を加えたり、マヨネーズのかわりに
バジルソースなどのパスタソースを使っても！

適度なゴロッと感がたまんなーい♥

おすすめ
ズボラ飯 94

レンチンとうもろこし

しょうゆを塗って魚焼きグリルで焼くなどの応用も可能！

●材料（1人分）

とうもろこし »» 1本

●作り方

1 とうもろこしは皮をむいてラップで包み、
電子レンジで約5分加熱する。

2 1はラップをつけたまま、あら熱をとる。

POINT
とうもろこしは新鮮さが命なので、
購入後は早めに加熱して食べること！

甘さ200%！ 一気食いしたくなるウマさっ♥

おわりに

マンガや小説で「主人公が、作家の手を離れてひとり歩きする」なんて言いますね。ボクも長いことマンガの原作をやっていますが、この「駒沢花」ほど、ひとり歩きする主人公を作ってしまったのは初めてです。

ボクはこれまで、普段、料理なんてほとんどしませんでした。だからマンガの連載の話が来た時、かわいいけど、超ズボラな子を主人公にしたんです。簡単な料理しか考えなくていいように。ところが水沢悦子さんが、花ちゃんの絵を描いてきたら、これがボクのマンガのキャラ？　というほど違和感があって、でもすごくかわいいんです。

それで、ボクは、花がいい加減な料理をするシーンを書き始めたんです。そしたら、いきなり駄洒落とか言い始めるんですよ、花ちゃん。ビックリした。普段の生活で、ボクは駄洒落なんて言わないですから。でもそれを水沢さんがそのまま絵にしたら、妙に面白くて自然なんです。わ、花、ひとり歩きしてる！　これは面白いぞ、と思いました。

それから、毎回原作を作る時「この季節、花だったら何作るかな？」とか考えると、ボクの頭の中で花が「そうめんにミョウガ！」とか言うんですよ。これ本当です。

鮭フレークがあったら、花は何作るかな？　ひとりで風邪ひいたらご飯はどうするかな？　近所の人に生の栗をもらったら？　と、毎回違ったシチュエーションを考え、花の顔を思い浮かべると、花が勝手に動き出します。料理します。ドジもします。

だから、この本の料理は、全て花がひとり歩きして作った料理で、一冊になったのを見てボクの方がアゼンとしています。もちろん花は実在してないので、ボクが「監修」なんてエラそうな代理人になっていますが、この本は間違いなく駒沢花が作ったものです。

花ちゃんのズボラ料理が、いろんなところで「うわ、これ簡単なわりに、けっこうオイシイじゃん！」と小馬鹿にされながらも喜ばれていたら、マンガ原作者としてこんなに嬉しいことはありません。

花ちゃんにも、水沢悦子さんにも感謝。

久住昌之

監修・久住昌之《くすみまさゆき》

1958年東京生まれ。美学校・絵文字工房で赤瀬川原平に師事する。1981年に美学校の同期生である泉晴紀と組んだ「泉昌之」として、ガロ「夜行」でデビューを果たした。1999年には実弟の久住卓也とのユニット「Q.B.B.」で発表した「中学生日記」で第45回文藝春秋漫画賞を受賞した。原作者としても活動しており、代表作に谷口ジローとの共著「孤独のグルメ」などがある。

画・水沢悦子《みずさわえつこ》

プロフィールは未公表。

監修／久住昌之
画／水沢悦子
原作／『花のズボラ飯』（秋田書店）
©久住昌之／水沢悦子（秋田書店・エレガンスイブ）
編集協力／金城小百合（秋田書店）
料理・スタイリング／吉岡久美子
装丁・本文デザイン／塚田佳奈（ME&MIRACO）
撮影／佐山裕子（主婦の友社写真課）
取材・文／濱田恵理
校正／東京出版サービスセンター
編集／高原秀樹（主婦の友社）

花《はな》のズボラ飯《めし》 うんま〜いレシピ

平成23年11月10日　第1刷発行
平成24年1月10日　第5刷発行

監修　久住昌之《くすみまさゆき》
画　水沢悦子《みずさわえつこ》
発行者　荻野善之
発行所　株式会社　主婦の友社
〒101-8911
東京都千代田区神田駿河台2-9
電話　03-5280-7537（編集）
03-5280-7551（販売）

印刷所　大日本印刷株式会社

■乱丁本、落丁本はおとりかえします。お買い求めの書店か、主婦の友社資材刊行課（電話03-5280-7590）にご連絡ください。
■内容に関するお問い合わせは、主婦の友社出版部（電話03-5280-7537）まで。
■主婦の友社が発行する書籍・ムックのご注文、雑誌の定期購読のお申し込みは、お近くの書店か主婦の友社コールセンター（電話049-259-1236）まで。
※お問い合わせ受付時間　土・日・祝日を除く　月〜金　9時30分〜17時30分
主婦の友社ホームページ　http://www.shufunotomo.co.jp/

 ISBN978-4-07-279781-5